# 実践的指導力を育む大学の教職課程

［編著］
渡邊洋子・池内耕作・大内善一

溪水社

⑶　演習　話し合い活動を重視した学級活動　172


## 第7章　「教職実践演習」──事例報告そのⅠ──

1　「教職実践演習」の概要……………………………………………………180
　⑴　「教職実践演習」のシラバス　180
　⑵　「教職実践演習」（小学校）の特色　182
2　指導の実際と課題…………………………………………………………186
　⑴　「道徳の時間」の指導　186
　⑵　教師の話、学級経営案づくり、学級会の進め方を通して　195
　⑶　「学級通信」の役割と意義　205


## 第8章　「教職実践演習」──事例報告そのⅡ──

1　授業概要と教職課程全体との関わりを踏まえた実施計画…………212
　⑴　授業の到達目標と基本的な展開方針　212
　⑵　第1回オリエンテーションの内容とその様子　213
　⑶　第2回から第9回までの内容とその様子　214
　⑷　第10回から第15回までの内容とその様子　217
2　指導の実際と課題…………………………………………………………217

# 実践的指導力を育む
# 大学の教職課程

# 第1章

# 実践的指導力を育む教職課程

池内　耕作（茨城キリスト教大学教授）

## 1　「実践的指導力」をめぐる議論

　ここしばらく我が国の世論は国内の教員に対し、「指導力不足」「資質低下」といった語を用いて、そのあり方に強い疑念を差し向けてきた。理解不能な授業を展開して気にも留めない教員、いじめ・不登校・学級崩壊の要因を自ら作り出している教員、なす術を持たずただ不作為に堕して動こうとしない教員、マニュアル通りのことしか実行できない教員、体罰やハラスメントに訴える教員、盗撮や児童買春といった犯罪に手を染める教員等々……。そうした教員の姿がマス・メディアで取り上げられるたびに、そのイメージを我が国の教員の総体に重ねるがごとき世論が形成され、その煽りを受けた教育政策も様々なかたちで教員養成・採用・研修の「充実」を謳い続けている。こうしたことを背景に、昨今強調されている言葉のひとつが「実践的指導力」である。

　教員に求められる全般的資質、およびそこに占める「実践的指導力」の位置は、端的には次頁に引用した通り、政策文書上で図式化されている。まずはその意味するところを確認してゆこう。

　図に示されたこの資質構造は三つのパートからなる。図の上部左に位置する「いつの時代にも求められる資質能力」は、教育職員養成審議会（教養審）が1987（昭和62）年に公表した答申「教員の資質能力の向上方策等について」において提示したものである。ここでは「実践的指導力」の基をなす要素として、「教育者としての使命感」「人間の成長・発達についての深い理解」「幼児・児童・生徒に対する教育的愛情」「教科等に関する専門的知識」「広く豊かな教養」の五つが示されているのを確認できる。

　図の上部右に位置する「今後特に求められる資質能力」は、同じく教養審から出された1997（平成9）年の答申「新たな時代に向けた教員養成の改善方策について」において構想されたものである。「①地球的規模に立って行動するための資質能力」「②変化の時代を生きる社会人に求めら

第1章　実践的指導力を育む教職課程

| いつの時代にも求められる資質能力 | 今後特に求められる資質能力 |
|---|---|
| ●教育者としての使命感<br>●人間の成長・発達についての深い理解<br>●幼児・児童・生徒に対する教育的愛情<br>●教科等に関する専門的知識<br>●広く豊かな教養<br><br>これらに基づく実践的指導力 | ① 地球的視野に立って行動するための資質能力<br>　・地球、国家、人間等に関する適切な理解<br>　・豊かな人間性<br>　・国際社会で必要とされる基本的な資質能力<br>② 変化の時代を生きる社会人に求められる資質能力<br>　・課題探求能力に関するもの<br>　・人間関係に関わる資質能力<br>　・社会の変化に適応するための知識及び技能<br>③ 教員の職務から必然的に求められる資質能力<br>　・幼児・児童・生徒や教育の在り方についての適切な理解<br>　・教職に対する愛着、誇り、一体感<br>　・教科指導、生徒指導のための知識、技能及び態度 |

○ 教師の仕事に対する強い情熱
　　教師の仕事に対する使命感や誇り、子どもに対する愛情や責任感など

○ 教育の専門家としての確かな力量
　　子ども理解力、児童・生徒指導力、集団指導の力、学級づくりの力など

○ 総合的な人間力
　　豊かな人間性や社会性、常識と教養、礼儀作法をはじめ対人間関係能力など

（出典：文部科学省『魅力ある教員を求めて』、3頁。
http://www.mext.go.jp/a_menu/shotou/miryoku/03072301/001.pdf）

れる資質能力」「③教員の職務から必然的に求められる資質能力」の三つの能力が、これからの教師に特に求められるものとして提示されている。

　図の下部には、前述の教養審を吸収統合した中央教育審議会（中教審）が、2005（平成17）年に示した答申「新しい時代の義務教育を創造する」のなかで、「あるべき教師像の明示」（第2章(1)）と題して示したものである。「教師の仕事に対する強い情熱」（答申本文では「教職に対する強い情熱」）、「教育の専門家としての確かな力量」「総合的な人間力」の三つが示されている。

　さて、この三つの答申を母体として図示された「教員に求められる資質能力」は、その後の文部科学省発行冊子等でも頻繁に取り上げられてき

た。一見、教員に必要とされる資質の諸概念をほぼ網羅した図となっており、教員になろうとする者、養成しようとする者、そして教員ら自身にとっても、概ね異論のない内容となっている感がある。ただし、その全体的な資質構造と「実践的指導力」との関係は必ずしも明確ではない。確かに図中には「これらに基づく実践的指導力」との文言が記載されているが、資質構造全体と「実践的指導力」の関係、あるいは他の諸概念とそれとの関係について、私見では少なくとも次の三つの異なる見方がある。

第一に、「いつの時代にも求められる資質能力」として掲げられる五つの要素の和をもって「実践的指導力」とする見方である。これは例えば、「生きる力」を知・徳・体の和（全人性）と定義するのと同じ仕方で、教員の「実践的指導力」を図に示す五つの要素（使命感、こども理解、愛情、専門的知識、教養）の和とみる見方である。

第二に、上記の五つのみならず、前掲の図に示されたものはすべて「実践的指導力」そのものをさす、との見方がある。図の上部右側の諸概念も、下部にある情熱・力量・人間力も、すべて「実践的指導力」を構成する要素ととらえるものであり、政策文書は全体としてこの見方で通底している印象がある。

ところが第三に、上記の五つの要素、ひいては図に示されるすべての概念は、いずれも「実践的指導力」の基（もとい）となるものであり、「実践的指導力」そのものではない（したがって「実践的指導力」は未定義であり様々な捉え方が乱立している）との見方もある。「基づく」ものは羅列されているが、「実践的指導力」それ自体の機能については何も書かれておらず定義されていない、との批判的な見方と言える。

この三つのいずれの見方が正しいのかは、諸答申の本文からも前掲の図式からも見いだすことが出来ない。あえて記せば、「様々な捉え方が乱立している」との第三の見方に軍配があがっているとみることも出来よう。

こうした議論が単なる言葉遊びにならぬよう、より実際的に考えてみよう。例えば我々は、こども達がこれからの社会を生きてゆくというとき、これから起こるだろう未見の問題の数々を確固として解決してゆくしなや

かな知(学力)、自らを律しつつ他者を思いやる豊かな徳(心)、そして生を根底から支える体(健康と体力)、そのいずれもが「生きる」うえで必要不可欠な要素であること、したがって「生きる力」が「知・徳・体の総合的な力」と定義されることにはぼ、何の違和感も抱かない。しかし教師の「実践的指導力」というとき、これと同じ図式で「使命感」や「児童生徒への深い理解」、「教育的愛情」や「教科専門知識」、ひいては「広く豊かな教養」までもが含み込まれるのをみるとき、「数え過ぎ」「欲張り過ぎ」ではないかとの印象をどうしても抱く。

　一般世論が「実践的指導力」というとき、その根底には「実践的指導力が足りない」との批判意識が同時に含み込まれている。そのとき、一般世論の現実的な感覚が問題視しているのは果たして「愛情の不足」なのだろうか。あるいは、教員養成が教養(アカデミズム)と実学(プロフェッショナリズム)のどちらに立脚すべきかという戦前から引き続く議論に立つとき、現在の世論や政策が「実践的指導力」の語によって強く問題視しているのは前者の「教養」の不足であろうか。むしろ「教養」は、「机上の空理空論」「象牙の塔」といった言葉で揶揄されるアカデミズムの神髄として、「実践的指導力」を唱導する一般市民が最も批判の矛先を向けているものではないのだろうか。だとすれば、政府の定義が「実践的指導力」の一角に「教養」を数えるのはどういう理屈によるのか。世論も政策も、一方的な座学のアカデミズムを教員養成の現場から脱色せよ、教育実習や教職実践演習、インターンシップやボランティアといった「実学」「ジョブ・トレーニング」「アクティブ・ラーニング」といったものこそ充実させよと、「実践的指導力の重視」という標語を用いて訴えているのではないのか。そして極めつけは、「いくら専門的知識や教養に長けていても、使命感や教育愛が深くとも、実践的指導力がなければ何の意味もない」という言い方こそが、「実践的指導力」という言葉のごく自然かつ一般的な用法となっていることである。ペスタロッチの言葉を借りるなら、教員に不足しているとの謗りを受けているのは、3 Hs (Heart, Head and Hands) のうちのもっぱら Hands (手) なのではないかと私は思うのだ。多くの教

育関係者や一般の人々が「実践的指導力」のなかに「頭」や「心」が含み込まれるのをみるとき、何かしら違和感をもつ所以はこの点にあるのではないだろうか。

## 2　大学における教養と「実践的指導力」

　教職課程を運営する大学人の立場からすると、「実践的指導力」という言葉が先の図に示される通り、使命感や愛情、そして教養を含みこむものとして広く理解されているならば、「実践的指導力の重視」が叫ばれたところで被害はそれほど大きくない。むしろこの場合は教員養成を担う大学として、その標語に真摯に向き合い、自らを律してその糾弾を受け入れ、改革を進めるべきであろう。

　しかし上述したように、「実践的指導力」の語が教師の全人性（心と頭と手）のうち「手」の強化をことさらに唱導しているのだとすると、これはとうてい受け入れ難い。例えば教員養成を担う全国の私立大学が加盟する「全国私立大学教職課程研究連絡協議会」（全私教協）が設立された経緯も、その後に同団体が意見表明した様々な文書も、その根底にあるのは同団体すなわち全国の私立大学の、こうした教員養成に対する圧力への問題意識であり、とりわけ教員の特定部位への強化策に対する危機感であった。

　そして残念なことに、大学としてはむしろ受け入れてゆきたい先の政策文書上の定義（前掲の図に示される「実践的指導力」）とはかけ離れて、一般的には「実践的指導力」の語を「手」に限定して用いるかのような風潮が随所に見られるようになった。言葉の響きからすればやむを得ないことと思われるが、そうである以上ことさらにその狭義の「実践的指導力」を唱導することには、次の理由からも大学として最大の危機感を持たざるを得ない。

　教員養成に携わる大学人は多かれ少なかれ、戦前、とくに小学校レベルの教員養成を担った師範学校のあり方を常に想起しながら、教員養成が再

第 1 章　実践的指導力を育む教職課程

び師範学校の様相を呈することのないよう細心の注意を払って職務に従事してきた。一言で言えば、「教員は総合大学＝アカデミズムのなかで育てる」との戦後教員養成理念を堅持共有してきたのであり、なかでも様々な建学の理念を有する私立大学が教員養成を引き取る（政策的に言えば教員養成をすべての大学に「開放」する）ことで、教員養成の多様性を確保することに努めてきたのである。これを一般に「教員養成の開放性原則」という。

　戦前、初等教育教員の養成機能を独占した師範学校は、教育勅語および文部省編纂による国定教科書の内容を、忠実に児童・生徒に伝達してゆく力量を獲得することを、教員志望者に強いた。教科書は勅令と同等の地位を持ち、例えば「日本列島は欧米列強から大陸を守る形をしています」との応用史学的な記述に疑義を呈することや、行間の事柄を教師自身の研究努力によって補完してゆくことなどは厳格に戒められた。その結果、教育実践の実学（現場で実際に教えるための実践的な知識技能）の叩き込みには現代から見ても学ぶべきものがあったが、その内容を教師自身が研究・吟味したり反証したりする「教養」の資質が顧みられることは皆無であったと聞く。

　筆者は教職課程に歩みを進める学生達に、最初にこのことを話す。教師となる者には教養も実学も必要だが、戦前は徹底して実学一辺倒（これに加えるとすれば皇国型精神論との複合物一辺倒）であったのだと。確かに戦前の教師にも素晴らしい人はいた。また昨今にあって過剰に天皇「制」反対を教員が叫ぶことは慎むべきだし、公務員またはこれに準ずる私立学校教員と成る以上は、日の丸・君が代問題に一家言あるとして合法的に表明し行為せよとも諭して来た。にも関わらず、教員が政策ないしは世の中の風潮に対して、故あるところで懐疑のまなざしを持つことが依然として重要である。いみじくも専門職たらんとするならば、故なき反体制の暴徒となることは慎みつつも、専門的知見に照らして法令改定が必要と思われる事柄あれば、こども達を動揺させない場において静粛かつ合法的に運動すべきなのだ。しかし戦前、初等教育の教員は全体として、そのような「教

養人」であることも「専門職」たることも求められなかったし、許されもしなかった。このことをまさしく反面教師として、かれ彼女らの直接の責に帰することは出来ないとしても、現代の教員は常に肝に銘じておくべきである。

　そして、そこで許されなかった「教養」とは何か、これを考え続けることが次の課題となる。私なりの言葉で言えば、教員にとっての教養とは「物事を斜めから見る力」であり、「強い者に騙されない力」であり、つまるところ「疑う力」である。教養が「疑う力」であればこそ、戦前の小学校教員には許されることのない資質だったのであり、また語られる言説の一面性を疑ってゆくことこそ、これからの教員にも、これからの学習者にも必要となる「知」の本質なのである。

　政策文書や教員養成の現場をひとまず脇に置いて、当のこども達の視点に立って「実践的指導力」をみるとき、つまりかれらが教員を「すごい先生」「指導力のある先生」と評するとき、その実感をかれらはどこから得て来るのだろうか。それはひとえに、使命感や教育的情熱や深いこども理解を必要条件としながらも、より直接的には、「この先生が口を開けば面白くない教科書が途端に面白くなる」「そんな見方もあるのかと気づいて感動する」「教科書に書かれていないことも教えてくれる（よく脱線するがその脱線が面白い）」といった実感ではないだろうか。こうした実感をこどもに与えることのできる教師を、私たちは「教養ある教師」と称するのである。

　教養とは、人類の叡智に通じてこれを血肉とする素養であり、その本質はまず先に述べた良質の懐疑にある。もちろんその懐疑は結論ではなく方法的懐疑を指す。懐疑の行く末に物事の本質や真理・真実が見事にあぶり出されるのを見るとき、ひいてはそのことに感動を覚えるとき、こどもたちは教師の資質力量を理屈ではないところで実感する。これは教養の再定義ではない。その語源となったリベラル・アーツの本質を言っており、教育現場においては「実践的指導力」の根幹をなす。少なくとも教科書に書かれていることを通り一遍、そのままに繰り返し伝達する教師、マニュア

ル通りに動く先生に対して、こども達がその指導力を実感することはない、とすれば言い過ぎだろうか。いずれにせよ教師の指導力から、教養の力は切り離せないのだ。

　確かに旧制中学や高等師範学校、帝国大学の徒は、例えば関東軍の大陸進出や拡大展開について無力であったかも知れないが、少なくとも「天皇は神だ」と言われて鵜呑みにしない程度には教養人であった。当時の中等・高等教育機関は、おしなべて英国パブリック・スクールやドイツのギムナジウム、すなわち文法学校の教養理念を範として作られたからである。その一方、師範学校で育てられた小学校教員は、「天皇は神だ」と言われてそれをそのままにこどもに伝えた。両者の違いこそは教養の有無なのだ、と筆者は学生に説く。もちろん天皇の神性をめぐる問題は単純ではない。天皇は神ではないとの言説にも教養人は慎重でなくてはならない。しかしいずれにせよ、見聞きする言説を無批判なまま鵜呑みにして垂れ流す行為は教養人のそれではない。

　言い方は異なるとしても、戦後の教員養成が戦前の反省に立って、「開放性原則」を高らかに謳いあげた理由は上記のようなことであった。歴史を教える者は一国の一史観のみではなく、世界の様々な史観を同時に学ばなくてはならない。小学校で微分積分を教えないとしても、小学校教員は微分積分に通じていなくてはならない。天皇が現人神だと聞かされるとき、世界では神という存在がどのように受け止められているのかのバリエーションを直ちに想起できるくらいには教員は教養人でなければならず、資本主義を教えるときには共産主義がどのような思想であるかを同時に脳裏に留めておかなければならない。総じて戦後教育を担う教員は、知識そのものではなく、自ら研究しつつ知の変容をはかることのできる教養人・アカデミシャンでなければならないとされ、このことが戦後の教員養成において一貫して求められて来た教員資質の根幹であり、それを涵養しうるのは大学とりわけ総合大学のアカデミズムであるとされてきた。

　ところがそうした言説も、今となっては空しい。「教養か実学か」（アカデミズムかプロフェッショナリズムか）の二項対立はその後も相変わらずく

すぶり続ける。戦後の教員は現場に通用しない屁理屈ばかりを大学で学び、頭でっかちで左に巻かれており、実践的指導力が弱くなったとの誹りが、常に大学の教員養成現場に対してぶつけられている。もはや大学には任せておけぬとばかりに、地方教育行政組織（教育委員会）が自ら教員養成に乗り出す事例も後を絶たない。文部省・文科省もその動向と前後して、教職実践演習、インターンシップ、ボランティア、教員免許状更新講習、初任者研修をはじめとする諸研修等々の、いわゆる「実践力強化策」を政策的に押し進めている。もはや「開放性原則」は風前の灯であり、振り子は明らかに戦前の師範学校型教員養成の理念に、（戻りきることを目指さないまでも）揺り返しつつある。

## 3　茨城キリスト教大学における「実践的指導力」の捉え

　以上、描写してきた背景は、茨城キリスト教大学（以下、「本学」）における教職課程の理念と実践にとっても常に重要である。その背景や歴史は、教職課程の履修者が「教師とは何か」を考え続ける格好の教材でもあるからだ。その教材をふまえつつ、本学教職課程の理念と実践を以下記したい。
　本学は文学部、生活科学部、看護学部、経営学部を擁する中規模総合大学であるが、その教員養成の歴史は文学部児童教育学科の設置とともに始まった。その設置理念はまさしくペスタロッチのいう「心と頭と手の全人養成」であり、教員となる者の全人的・調和的発達を前面に掲げながら今日まで推移している。本校執筆時点の2014年度現在、設立から32周年を数え、私立大学としてはかなり早くから小学校教員の養成を行ってきた数少ない学部・学科のひとつであった。現在、その教員養成理念を端的に、例えばホームページ上で次のように謳っている。

第1章　実践的指導力を育む教職課程

> ### 心と頭と手の全人養成
>
> 　本学科は設置当初から、「心と頭と手」（3 Hs: Heart, Head and Hands）の全人教育理念を掲げてきました。
> 　社会や自然、子どもや隣人に対するきめ細かで温かい「感性」（心）。
> 　専門的な知識がゆきつくべきところの「智慧」（頭）。
> 　そしてそうした智慧を果敢に「実践」してゆく力（手）。
> 　学科の歩みは、この「心と頭と手の調和」を追い求めた歴史です。それは古典教育学の原点、すなわち「体験のなかで学ぶ」ことの足跡に他なりません。
> 　「土」と「芸術」の領域と断絶しない教養と実践力。教育学・心理学・児童学・保育学の最先端の理論に基づく多くのワークショップ。労作・体育・農作業等の多彩な実践体験。学生生活を彩る絵画・造形・音楽・リズム。そして教育・保育の現場における日常的なボランティア活動。そうした全人性を培う活動をもって子どもに貢献する人を育てる、キリスト教主義の教師・保育士養成。
> 　学生たちが今日この日も行なっている数多くのこうした活動は、すべて本物の「智慧」との連動をめざして繰り広げられています。
>
> 　　　　　　　　（出典：茨城キリスト教大学文学部児童教育学科ホームページ
> 　　　　　　　　　　　　http://www.icc.ac.jp/doee/aboutus.html）

　これまでも述べて来たように、戦前の反省に立った「開放性原則」の一翼を担うべく、本学教職課程でもその根底に置いてきた理念は「バランス」である。教員となる者にとって、教養と実学が共に大事となることは既に述べた。アカデミズムとプロフェッショナリズムの融合しかり、理論と実践の往還しかり、「強い情熱」「確かな力量」「総合的な人間力」の三つの要素しかり、また広義の意味での「実践的指導力」ならば図に示された諸概念のいずれも欠くことは出来ず、「心と頭と手」の全体性・全人性の重視は上記のホームページに謳う通りである。逆に言えば、何事もそうだが本学教職課程にとっても「偏る」ことが宜しくない。理念上も、カリキュラム上も、学生達のふだんの生活に立ち現れている風景（とりわけ誇

るに足る数の教育ボランティア実績）からも、こうした「バランス」を愚直とも思えるほど地道に追求し続けてきた自負がある。

　その後、他学部他学科においても教職課程が順次産声をあげ、結果として現在は全学科に教職課程が設置されている。いずれも先行する児童教育学科の理念に基づいて拡張されてきたが、例えば2007年度に実施された中教審委員・文科省職員による実地視察の際には、次のような文書を提示して概ね好評を得た。

---

① **教員養成に対する理念・構想**
　本学では「我らが学園の建学理念」として、「**キリスト教の精神に基づき、謙虚に真理を追求し、公正を尊び、真の隣人愛をもって人と社会に進んで奉仕し、人類の福祉と世界の平和に貢献する人間を育成する**」ことを謳っている。
　本学はこの理念に紐解かれる自明の方途のひとつとして、真の隣人愛を志向する《教員》を輩出することをもって、人類と世界に対する奉仕・貢献の《基》（もとい）としたい。この願いのもとに、長年にわたり教職課程運営を重要施策のひとつに位置づけてきた。
　近年、この理念に資する教職課程の「構想」について、教職課程委員会を中心に精査・再考する作業に取り組んでいる。とくに本学独自の教育目的像と、その養成手段を今一度明確に精査するために、中教審答申等に謳われる骨太の養成構想を次の通り咀嚼したところである。以下のことをもって、本学教職課程のこれまでの総括および今後の構想としたい。
(1)「**強い情熱**」をもった教師の育成……正課活動と正課外活動の両輪による動機づけを一段と強化するとともに、教職に就くことを強く志望する学生（及びその情熱の証左たる「力量」の獲得に成果がみられる学生）にますます指導の努力を集中させる「選抜型養成プログラム」へと移行すること（免許状概念を「一般就職のための人物証明」から「真に教員になるための資質証明」へと原点回帰させること）。また本学が「キリスト教精神」として描く一連の思想を、履修者の学びの根底にベクトルとして位置づけることで、「強い情熱」を醸成すること。
(2)「**確かな力量**」をもった教師の育成……正課活動における実践的リテラ

シー育成プログラム（模擬授業、示範授業、マイクロティーチング等）を強化し、教育における理論と実践の整合性をますます研磨（ＦＤプログラムの充実、現場経験を有する大学教員の積極的採用等）してゆくとともに、現場体験型正課外活動（学校教育ボランティア、児童に対する読み聞かせや交流を行なうサークル活動等）の支援・充実を図ること。また「強い情熱は、確かな力量を身につけ発揮するときはじめて具現し、証明されうる」ことのリアリズムを、履修者と大学教員の双方の認識（姿勢）に深く沈みこめること。

(3) **「総合的な人間力」をもった教師の育成**……キリスト教精神に基づく大学であることの力点を生かし、教育における専門的知見（プロフェッショナル・アーツ）の根底に、宗派の垣根を超える宗教的情操、人生をより豊かに潤す幅広い教養（リベラル・アーツ）、国際的な感性を培うこと。また正課活動のみならず、ボランティア、サークル活動、アルバイトその他に対する全学的支援をもって、「深い体験」に裏打ちされた《全人性》を陶冶すること。

（「1．大学としての教員養成に対する理念等について」2007年7月）

　この文書では、前述の2005年中教審答申で示された「強い情熱」「確かな力量」「総合的な人間力」の三つの用語に、本学の実情に即した理念や方途を結合することで文科省に対する提示文書としている。そのなかで、これまで繰り返し述べて来た「教養」の理念と、これに連動する心や頭の育成を謳いつつ、総じてここでも「全体の調和性（バランス）」を前面に打ち出して来た。

　本学に限らず、教職課程はその設置が国の認可事項とされており、設置後の運用においても様々な法令に服する義務を負っている。さらには戦前の勅令主義型行政下にあるならいざ知らず、法律主義に基づく行政監督下にある現在の大学にあっては、教職課程に対する様々な要望や指導・助言の数々も、すべて日本国民の「民意」と捉えることが正当な行き方である。そのような法令が多くの私立大学にとって、建学の理念を根底から揺さぶる内容とならないことを願わざるを得ないが、その意味ではこれまで

述べたような世論の後押しから、法令として指示される事項は確実に増えているものの、いずれも大学独自に「解釈可能」な骨太の方針に留まるものがほとんどであると言って良い。運用上の細部事項については大学の自治が確固として担保されているとも言える。そのようななかで、政策を通じて国民全体が求めている大方針と向き合い、その骨にいかなる肉付けを建学理念との関係でなしてゆくのかが、私大の存在根拠として益々問われる時代に入っている。

## 4　本学における教職課程実践の一端
　　～教育原理で最初に扱う事項～

　そうした政策として示される骨太の理念、そこに肉付けを行う各大学の応答、という構図のもとで、本学でも日々、教職課程における様々な実践が展開されている。筆者はそのなかで、本学教職課程全体の管理運営に加えて、1年次前期の「教育原理」、3年次における「教育実習」、そして4年次後期の「教職実践演習」をその課程申請の折から担って来た。教育実習と教職実践演習は別に頁を設けることとなっているので、ここでは「教育原理」について簡単に記しておきたい。

　「教育原理」は周知の通り、全ての大学において教職課程上の必修科目として位置付き、名称は各々の大学で異なるとしても共通して教育の「理念・思想・歴史」を扱う。教育についての最も基本的かつ原理的な考え方やその変遷を辿る教育入門とも言うべき科目である。

　筆者が最初に取り扱うのは、「教育は本当に駄目になったか」というテーマである。特に昨今、「ゆとり教育世代」と呼ばれる大学生には分の悪い状況が続いている。しかしこの「ゆとり教育世代」を見ても、それ以前に遡って「戦後教育世代」のあり方を鳥瞰しても、世に言われるほど状況が悪くなり続けているのかを今さらながら確認することが、教員志望者にとって最初の課題として提示されるべきだと筆者は思う。その「状況」を、肌感覚ではなく数値データでかれ彼女らに示してみると、たいてい面

白い反応が帰ってくる。

　例えば「生きる力」のうちの知（学力）。平成19年度、43年ぶりに復活した全国テスト（全国学力状況調査）が行われた際、極めて小さい扱いだが朝日新聞がこう書いた。「文科省は今回の調査に、過去の全国的な調査で出題したのと同じ問題を複数出して、正答率を比較した。小6と中3に出されたほとんどの同一問題の正答率が、40年以上前の全国学力調査などよりも上昇した。」（朝日新聞2007年10月25日朝刊、下線は筆者）。当然、学生達からは、「いやそんなはずはない」「OECD/PISAの体たらくはどうなのだ」といった疑問が噴出する。そこで、詳しくは割愛するが「ゆとり教育世代」がPISA2003やPISA2006で順位を落としたことに関する「語られない経緯（裏事情）」を説明し、あわせてPIAAC2011（国際成人力調査）で日本の大人たちが「読解力」「数的思考力」「IT問題解決能力」のいずれにおいても第1位を獲得したこと、またこの結果に最も貢献したのがかつての「PISAで順位を落とした15歳」（PIAACCにおける20代）であることを説明してゆく。当の世代すなわち「ユトリ」の蔑称にさらされ続けてきた学生達の反応は、当然のことながらまず「唖然」、次に「疑念」、そして最後に「納得」となる。

　例えば「生きる力」のうちの徳（豊かな心やモラル）。少年凶悪犯罪（殺人・強盗・強姦・放火）は戦後一貫して同年代人口比で減少しており、例えば「強姦」や「強制猥褻」はかつてのピーク（昭和30〜40年代）の20分の1にまで減少していること、また刑事事件にならない問題行動等についても軒並み減少傾向を辿っていることなどを数値で示す。ガヤガヤと響めきが湧いたところで、筆者から「ゼロになるまでは絶対に楽観してはならない！」と釘を刺され、ようやく静まり返る。

　「生きる力」のうちの「体」に関わるデータは、戦後一貫して悪化（体力低下）の一途を辿っている。ここに来てようやく学生達は、これまで聞かされて来たこととの一致を見て安心したかのように頷く。そのとき筆者は、改めて次のように問う。

　「戦後教育は失敗した、しかしそれは体に関してだ。体は鍛えよ。ここ

に議論はない」

「一方で学力が低下し、少年犯罪の凶悪化が止まらない、その責任は戦後教員の資質低下にあり、故に教育改革が必要であり、教員養成政策にも改革が必要だという論理構造、その前提は正しいと思うか。戦後のこども達も、こども達を育ててきた先輩教員も、世間で言われているほどにダメダメか？」

そして最後に、「だからと言って楽観するな。上には上の境地があり、改善すべきことは山ほどある。かつてに比べて悪くなり続けている、という言説に問題があるだけだ」と言って締めくくる。

ここからは肌感覚だが、これまで受けて来た学校教育に恨みを抱いて教員になろうとする者は、皆無ではないが少ない。腐った教育を変えてやる！といった動機で教員を目指す者はおらず、皆、マス・メディアが描く学校教育の閉塞ぶりを鵜呑みにしながらも、個人の経験としては学校教育にも先生達にも感謝の念を抱いている。とりわけ小学校教員を目指す者にその動機を尋ねれば、たいていは「あの先生のようになりたくて」との答えがはね返ってくる。要するに世間一般の学校教育像と自分自身の過去におけるそれとがかけ離れたまま、かれらは教員を目指しているのだ。

広く世間で言われている「戦後教育は総じて失敗した」との言説が仮に事実であり、しかし多くの教員志望者が「自分が受けて来た教育に限ってはそうではなかった」と実感するような事態は、確率論的にはどれくらいの頻度で起こるだろうか。少なくとも筆者が見てきた若き教員志望者達は、そのほとんどが「憧れの先生」との思い出を携えて大学にやってくるのである。考えられるとすれば、学校教育から被害を受けなかった者達が教員を志望しているに過ぎず、多くの者は失敗してきた教育に対して何の感謝も抱いていない、ということになるだろうか。

しかしこうした不自然な結論にたどり着くよりも、もっと自然な解釈は可能なはずだ。戦後教育は世間で言われるほどまずくなかった、という解釈である。世間一般に受け入れられている解釈とは言えないが、筆者は微力ながらも、これを示す数々のエビデンスを収集することに努めてきた。

その動機は戦後の教員の血と汗を無にしてはならないという小さな正義感からかも知れないし、大学における教員養成を今一度正当化し自己弁護したいとの利己心からかも知れない。しかし筆者自身の個人的な動機に関わらず、筆者以外からも様々なかたちで提出されてきているエビデンスから、本当に「戦後教育は失敗だったのか」を問いなおす営為が広まることを祈るばかりである。それは筆者も含めた戦後のこども達が、決して「失敗作」でないことの証を求め続ける営為とも言える。ねつ造されてはならないが、少し視点をずらせばそうしたエビデンスは幾重にも提出されているのだから。

　まだまだ問題はある、しかし戦後の教育は着実に、ひとつずつ地道に問題を解決しながら今日に至っている。完全ではなかったかも知れないが、私たちは私たちを育ててくれた日本の教育に、少しくらいは感謝しても良いのではないか。そうした先人達の歩みは、私たちが受け継いでゆくに値するものであったし、しっかり受け継いでさらに歩みを進めていくことが私たちの使命なのではないか……。そういう話を、教職課程の入口で最初の話題として示すこと、また示しうるだけの資料が得られていることは、誠に幸いなことであると思う。その上で、教育原理に「含めるべき事項」すなわち教育の「理念・思想・歴史」のエッセンスを、体系的に説いてゆく。

　これから教員となる者の使命感、こども理解、教育的愛情、専門的知識、そして豊かな教養といった成分で構成される「実践的指導力」にとっても、そうした過去に対するポジティブな評価は格好のスタートラインとなりうるのである。少なくとも「これまでの先輩達は失敗してきたから、これからのお前達は失敗するな」と尻を叩くような教職課程よりはよほどマシだと、筆者は肝に銘じて教員養成に従事し続けようと思っている。「今どきの若いモンは……」で始まる教職課程が日本のどこかで運営されているとしたら、本学教職課程はしっかりとそれに対峙・対抗していきたいとも思う。

（池内耕作）

# 第 2 章
# 学生の自律的な成長を保障する教職課程

渡邊　洋子（常磐大学准教授）

## 1　効率化の中で学生の自律的な成長を保障する取り組み

　地球上での生命の誕生は、まだ解明の途上にある。地球上の水分もアミノ酸などももしかしたら衝突した彗星などから運ばれてきた物かも知れないという仮説が浮上している。

　生命体が地球上に存在しはじめたことは、フレッド・ホイルによって「竜巻が廃品置き場を通り抜けたら、ジャンボジェットが組み立てられていた」[1]と比喩的に表現されている。かつて同僚だった理科の教師は「精巧にできた時計をねじ一本に到るまですべて分解して、箱の中に入れて、何万回も何億回も揺すっていたら時計が完全に組み立てられていた」ほどの奇跡であると、生徒に語っていたことがある。この単細胞生物の生命の萌芽が、その後60兆個の細胞を持つ人間に進化していくのである。その過程が、どれほど気の遠くなるような営みであったかを考えないわけにはいかない。

　ジョルジュ・バタイユは以下のように述べている。[2]

> 　何の役にも立たないものは、価値のない卑しいものとみなされる。しかしわたしたちに役立つものとは、手段にすぎないものだ。有用性は獲得にかかわる—製品の増大か、製品を製造する手段の増大にかかわるのである。有用性は、非生産的な浪費に対立する。人間が功利主義の道徳を認める限りにおいて、天は天のうちだけで閉じていると言わざるをえない。こうした人間は詩を知らないし、栄誉を知らない。こうした人間から見ると太陽はカロリー源にすぎないのだ。

　もし太陽が地球に現在これだけのカロリーを提供しているから、しばらくは弱めてもかまわないだろうとエネルギーの供給を制限していたら、このように多彩な生物の生きる地球になっていただろうか。人間は現在と同

じような形で誕生し発展していただろうか。
　バタイユはまた、以下のように指摘する。[3]

> 　しかし生産されたエネルギーの量は、生産に必要なエネルギーの総量よりも、つねに大きいと考えられる。このために、エネルギーの過剰な部分は、まったく役に立たない用途に放出され、純粋な損失として浪費され、失われる必要がある。

　この過剰さ、純粋な損失としての浪費が現在の地球上の生命の豊かさを育んだ大きな要因と考えられる。生産に必要なエネルギーの総量と同量のエネルギーの供給しか行われなかったら現在のような生命の発展は起こりえなかっただろう。
　このことを日々実感しているのは、果樹園農家や米作農家のような生産者ではないだろうか。生産に必要な限定的なエネルギーや栄養素を土地や植物に与えるだけでは、貧しい実りはあっても、よりおいしい豊かな実りは期待できない。
　人への教育は耕すことと同義である。本来、人の進化や発展は、効率性とは相容れない。生産に必要なエネルギーの総量を忖度しない過剰なエネルギーが常に降り注がれる状況下で、はじめて新たな進化は自ずから起こってくるものである。それは豊かな愛情をシャワーのように降り注がれた家庭で育った子どもたちが体現しているところでもある。しかし、残念ながら現在の教育制度の中でそのことを主張することは非常に難しい。
　特に大学の教職課程においては限られた予算、カリキュラムの枠、限られた授業回数、シラバスの制限などがあり、その中で如何に学生の自律的な成長を保障し、「育む」空間を確保していくかが課題となっている。
　本章では、現在行っているカリキュラムの中から3点を取り上げ、限られた中でも学生が自律的に取組み、実践的指導力を身につけていく過程を紹介していきたい。

## 2 科目群の配置と担当教員の配置

右の〈図1〉のように、それぞれの科目と担当教員を有機的に配置し、相互に関連させたカリキュラムを構築している。

「初等教職入門」を担当しているA氏は同時に「特別活動論」、「初等教育実習」（前半）、「教職実践演習」を担当している。1年次秋の入門期から4年次卒業まで全学年を通して、教職を履修している学生に指導を行っている。対象の学生は進路変更などで若干人数が減っていくことはあっても、基本的にはエスカレーター式に年次が上がっていく顔見知りの学生たちである。

担当A氏は、小・中学校の教諭を経験し、生徒指導主事、教務主任、教頭、校長を経験している

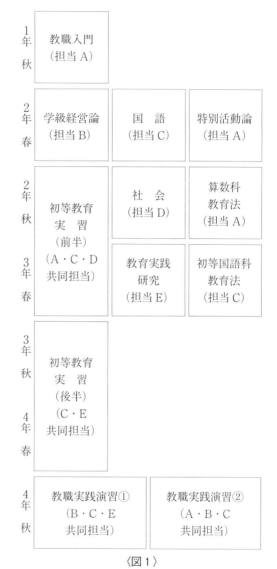

〈図1〉

ベテランの現場経験者である。学校長時代には、市街地に立地し、児童数1,000人近いマンモス校の校長も経験している。この学校において、全校をあげた研究を積極的に進め、2年間の研究実績を残し、当該学校は翌年平成19年に国土緑化推進機構から衆議院議長賞を、また平成20年には緑化推進運動功労者として、内閣総理大臣賞を授与されている。校長として全校60名近い教職員を束ね、児童の学習意欲を高め、全校研究を成功に導いた実績をもつ。実践的指導力をもつ教員のお手本となる人物である。

この業績を持つA氏が本コースのこの利点を活かし、「教職入門」・「特活動論」・「初等教育実習」・「教職実践演習」で学ぶ内容を検討し、「将来教師になる学生に身につけておいてほしいこと」を厳選し、年次を追って確実に身につけられるよう進めている。

B氏は小・中学校教諭、教頭、校長、総合教育研究所所長、全国校長会副会長を歴任した県内教育界の重鎮である。B氏は「学級経営論」を主に2年次に担当し、4年次後期に行われている「教職実践演習」の①組・②組の両組とも中心的に担っている。

D氏もまた小・中学校教諭、指導主事、教頭、校長を経験した県内屈指の指導力のある教育者である。「社会」「初等教育実習」、また、中等コースの「中等教育実習」「中等教職実践演習」を担当しており、社会科教育を中心に丁寧に学生に対し指導を行っている。

E氏は小・中学校教諭、高等学校教諭を経て大学教員になり、教科教育研究では全国屈指の研究者であり、重鎮である。「教育実践研究」と「初等教育実習」「教職実践演習」を担当し、理論を背景とした実践の大切さを学生に対し常に示している。

Cは中学校教諭を経験後、大学教員となり、A・B・D・E氏と研究を進めながら、初等教育コース、特に小学校関係の科目配置を行っている。「国語」「初等教育実習」「初等国語科教育法」「教職実践演習」と2年次から4年次後期まで一貫して学生への指導を進めている。ここで上げられた科目群の担当教員の中では唯一の専任教員である。

各担当が単独担当する科目と、共同で担当する科目を持ち、しかも担当

する学生が共通で、4年間を見通した上で指導することが可能となっている。A氏～E氏は研究会を共同で開催するなど、授業以外での交流もあり、文字どおり連携が図られているため、これらの科目群を担当する教員全員の理想とする教師像が一致しており、「教師として学生に身につけておいてほしいこと」の確認がなされている状況で、これらの授業を進めることが可能となっている。

「教職実践演習」では、教諭として求められる資質をもっていることが単位認定の条件として文部科学省から要求されている。また、教職課程を履修している中で不足している部分を「教職実践演習」の中で補うことも求められている。この担当科目配置と教員配置により、1年次・2年次から担当者が学生一人ひとりに対し、何が不足しているか、卒業前最終の科目で何を学ぶべきか適切にアドバイスし、学生が自主的に学習を進められる環境が整えられている。

---

| コラム1 | 皆さん学生のゴールは「教員採用試験合格」？ |
| --- | --- |

　4年間のゴールは「教員採用試験に合格すること」と考えている人はどのくらいいますか？　逆にそこをゴールにしていない人はいますか？
　かつて、こんな方と机を並べたことがあります。大学をその年の3月に卒業し（卒業して8日しかたっていませんでした。）4月に新採用として着任しました。採用試験の倍率15倍を突破して新採用になった非常に優秀な数学科の先生でした。職員会議など、会議ばかりが続く最初の3日間は元気に過ごしました。入学式も無事に済ませて（中学校1年生の担任になりました。）学級役員や係活動を決めていたところ、職員室に泣いて戻ってきました。生徒との間にトラブルが発生したそうです。翌週は授業が始まりました。今度は激しく怒りながら、職員室に授業途中で戻って来てしまいました。翌週は月曜日に早退し、火曜日から学校に来ることができませんでした。4月3週目には1年生の担任が突然不在になってしまったのです。その週の金曜日、本人は学校に遂に来ることもなく、親御さんが退職届を提出に来ました。
　これだけ優秀な教員がどこで道を間違ってしまったのでしょうか。一つ

> は、学生時代、「教員」の仕事を体験してこなかったことです。教員の仕事は複雑で、頭で考えているのと実際は全く違います。学校ボランティアに継続的に取組んだり、スクール支援委員などを経験して、自分に向いているかどうか、きちんと見極めることが重要です。
> 　二つ目は、採用試験に合格することを最終ゴールにしてしまったことです。とにかく合格することしか頭になかったのです。どのような教員になりたいか、そのために今やるべきことは何か、場面を想定して検討する必要があることなど、全く考えが到っていなかったのです。あまりにも無防備でした。
> 　大学の4年間は短いです。その中で、教員採用試験合格はもちろん、その後3年後・5年後・10年後にどのような教員になっていたいか、どういう子どもを育てたいか、どんな学級づくりが自分に向いているか、そのために今何を為すべきか考えながら、学んでいってほしいものです。

## 3　「初等教育実習」

　〈図1〉で示しているように「初等教育実習」の授業は2年次秋から4年次春まで行われている。教育実習には3年次春に2週間、4年次春に2週間、合計4週間行くことになっている。「初等教育実習」の授業はこの教育実習に合わせて、2年次秋が「初等教育実習（事前指導）」、3年次春が「初等教育実習（事前・事後指導を含む）」、3年次秋が「初等教育実習（事前指導）」、4年次春が「初等教育実習（事前・事後指導を含む）」という科目名であり、それぞれ15回ずつ行われている。

　このシステムは、本学に人間科学部が創設された時に作られ、担当は3代目になる。「初等教育実習」が設置されたのは教育学科が立ち上げられた2008年の改組の時からであるが、2年次秋から4年次春までの「教育実習」のカリキュラム編成はすでに長い歴史を刻んできている。こういった大がかりなシステム作りはその大学の大きな特徴となるので、発展的に継承していく姿勢が重要である。

　このシステムが本学に導入された時、まだ、現在のように「実習公害」が声高に叫ばれる時代ではなかった。しかし、立ち上げた高久清吉氏の教

育現場への真摯なまなざし、大学で学問を学ぶものへの英邁な判断、先見の明などが相俟って、このシステムが始められている。開始当初、各セメスター15回の授業の多くは講義であったが、「初等教育実習」がスタートした時点から、模擬授業などを中心としたより実践的なシラバスに変更している。

　各授業内容は、目次に添って各担当が例を挙げながら説明しているので、その部分を参照していただきたい。

　ここでは、各部分では伝えにくい全体的な内容を確認したい。

　2年次の秋に「初等教育実習」として、初めて算数科の指導案を作成し、模擬授業に取り組む。3人でグループを作り、1人10分程度担当していくスタイルの模擬授業である。おどおどして声の小さい学生も多い。10分間に過ぎないが、それでも、途中で頭が真っ白になり、立ち止まる学生もいる。そこがスタートである。しかし、学生たちは、そういう中でお互いから学び合い、11月を過ぎる頃には、空き時間に空き教室に集まって、自主的に模擬授業をしたり、指導案検討をしたり、教材・教具作りをしたりするようになる。

　3年生の春には、まずは「初等教育実習」で2回目の算数科模擬授業を単独で30分行い、その後、2週間の教育実習で教壇実習を少なくとも4〜5回は行っている。教育実習の巡回でのべ30人程度の学生の研究授業などを参観するが、だめ出しをすべき点がたくさん見つかる授業である。とにかく、途中で止まることなく、何とか子ども相手に授業をしきったというところである。実習校で見つかった課題は、大学で秋に行われる「初等教育実習」や翌年の教育実習で見直し、改善を図ることができる。

　3年次秋は、主要な教科を算数科から国語科に変更する。この教材で何を教えるか、どんな力をつけるためにこの教材を使うかということから考える模擬授業になっていく。1度目の現場での教育実習を経験してきていることから、学生自身の中での模擬授業への位置づけも格段に厳しくなり、現場の教師が、教育委員会訪問を受ける時に行う研究授業のような気構えで模擬授業に臨むようになる。3人のリレー式で1人およそ10分の担

当である。しかし、たった10分でありながら、本番の模擬授業までに、少ないグループでも２〜３回、多いグループでは10回近く、プレの授業を繰り返し、改善をして本番に臨む。グループで取組む利点は、授業を苦手にしている学生も、他の学生に助言してもらいながら、自分の担当時間を充実させていくところにある。

　４年次春は、単独の国語科模擬授業を行ってから、２回目２週間の「教育実習」に行く。３年次春と比べると、格段に授業の力が伸びており、今年は巡回した学校のほぼすべてで学生の実習全般や授業に向かう姿勢を褒めていただいた。

　「初等教育実習」の授業は、そのまま「教職実践演習」につながっている。他大学で行っている一般的な教科での模擬授業はそれまでに４回以上行っているので、小学校を目指す学生は、少なくとも「道徳の時間」１回、「学級活動」１回の計２回の模擬授業に取組む。公開模擬授業となっており、在校生は誰でも参観可能である。事実上、教職単位認定のかわりになる（他の授業を履修済みであれば）重要な模擬授業である。

　担当する子どもたちに「先生の授業、わかりやすい！」といってもらえる授業を行えること、さらに、その授業によって子どもに確実に力をつけられる教師になることは、長い教師生命の要である。「初等教育実習」という科目はその重要な部分を担う科目として位置づけられている。１節で述べたとおり、最低限のエネルギー量で生産する最低限の生産物のような成長の望めないカリキュラムではなく、そこから学生自身が創意工夫して発展していける底力をもったカリキュラム編成を目指している。

　現在は、県教育委員会でも、このカリキュラムの特徴を理解し、高く評価していただいている。「教師塾」での学生の様子、また、採用試験二次試験での面接での学生の説明から伝わっているとのことであった。

　現在では学生の方がよくわかっている程である。先日のアンケートでは以下のような意見が寄せられている。

> 　模擬授業を2年次からやっておくことで、教育実習に行く前に教壇から見える子どもの様子や指導案の書き方、教材研究の仕方を長い時間をかけて身につけることができる。また、自分の授業を見て（他の学生や担当教員が）評価してくれるので、自分の授業を客観的に見ることができるし、勉強にもなる。

> 　私は模擬授業ができる授業が多いのはとても嬉しいと感じている。理由としては、模擬授業を行った経験から多くのことを学ぶことができたが、それを実習に行った時、もしくは私自身が教員になった時に、生かすことができたり、役立てることができると感じているからである。

> 　指導案の書き方、教材研究のコツなどの授業を作る際のポイントから、授業中の話し方、発問の方法、資料の活用方法など、細かな部分まで実際の授業形式で行えるのは大変ありがたいです。模擬授業の実施回数は他大学と比べてもトップです。実習前に1度模擬授業を行えるのはとても助かっています。

> 　個人的にとても大事な授業だと思っている。指導案の書き方や授業構成など細かいところで指導していただけるので、どこを直したら良いのか、どこが良かったのかがわかりやすく、実習においても非常に役に立つ知識や経験を学ぶ事ができたと思っています。作成段階でも担当教員に相談に乗っていただけるところなどが特に有り難いです。

　36名のアンケート結果のうち、更に改善を図りたい（例えば、授業を受ける学生がもっと小学生のように振る舞う必要があるなど）という意見が3名あったが、それ以外は、おおむね上記のような意見で占められている。
　現在、多くの大学で経費節減が喫緊の課題となっている。その中で、見直すべき部分と、特長として大事にしていく部分の見極めが、その大学の

第 2 章　学生の自律的な成長を保障する教職課程

存続を決めると言っても過言ではない。大学 4 年間で実践的指導力を育むことは至難の業である。しかし、この章で取り上げた科目群と「初等教育実習」の授業は、まだ改善の余地はあるが、その難しさを克服し、実際に学生の「実践的指導力」を育むことに成功している。教育現場や地元の教育界が評価し、学生が自主的積極的に自分磨きに取組んでいるこのカリキュラム編成をたやすく改変しない方向での検討が必要である。

| コラム 2 | 皆さんは大丈夫？ |
| --- | --- |

　こんな新採用の先生にお会いしたことがあります。朝の会は「健康観察」と「先生の話」のみ。朝の挨拶「起立！おはようございます！」もなければ、朝の会の司会者もいない。保健係が前に出てきて全員の名前を呼んで健康観察らしきことが終わり、後は先生がお話をするだけです。
　掃除も一人の子どもが教室を箒で掃いているだけです。机を運んだ子と運ばない子がいます。椅子も上げてありません。一人なので、間を縫うように掃くしかないのです。掃除当番グループの代表もいません。学級が組織として機能していないのです。
　その先生に伺いました。「子どもの自主性に任せることを大事にしていますから。」との返答でした。皆さん、どう思いますか。
　そのクラスは、10 月には、その新採用の教員が声の限り怒鳴り散らしても動かないクラスになっていました。その先生は、結局子どもたちの前で思い切り教卓を蹴り飛ばして、脅しました。そして何とか子どもを動かしていました。
　この先生のように「自主性」を育てたいなら、そのために教員は日夜猛烈に考えて、学級に対して仕込みをしていく必要があります。リーダーを育てること、前に出てきて話したり司会をしたりする経験をさせること、子ども達が企画運営する機会を作って、一緒に成功を味わうこと等々です。それだけ、一生懸命仕込んでいっても、子どもたちが自分たちで文字どおり「自主」的に動けるのは早くても 2 学期後半から 3 学期でしょう。その大事な部分をすべて手抜きして、結果だけ求めても、子どもの成長は期待できません。
　その先生は、他のベテランの先生の学級経営を真似てやってみることや、他の先生のアドバイスを受けとめることをしませんでした。この教室

の状況を見て、多くの先生方は初期段階から助言していたのにです。こういう勘違いをしてはいけません。この学級の所属になるかどうか、子どもは選べないのですから。勘違いも甚だしいと云わざるを得ません。
　そもそも若い時は、何もしなくても子どもたちは大喜びで集まってきます。本当の勝負は35歳から40歳の曲がり角の後です。若さという人気で担任が務まらなくなる時が来ます。その時、学級経営の方法や授業力を磨いてきた先生は、実力のある先生として、子どもも親御さんも信頼し良い学級作りができます。しかし、ただ、若さに阿て手抜きをしていると、気づいた時には、子どもの気持ちの見えない教員に成り下がってしまいます。常に振り返り、褒めるところは褒め、反省するべきところは改善し、調子込んでのぼせない教員を目指していってほしいです。
　そのためにも、研究会などに積極的に参加する真摯な姿勢が大切です。

## 4　理論と実践の両輪を大事にする授業編成

　「実践する力のない先生は今日の授業が進められず、立ちゆかない。理論をもたない先生は、明日の授業が構想できず、立ちゆかない。」
　これは、担当している科目で学生に繰り返し伝えている言葉である。
　「本学の教職課程は即戦力を大事にしているんですね」と言われたことがある。「即戦力」という言葉に引っかかりを感じた。もちろん、コラム1、2のような教員を現場に送り出すことはできない。しかし、「即戦力」という言葉は、教壇に立つ4月に即戦力として働けるということを言っているだけであって、その後3年後・5年後・10年後を約束するものではない。
　本章で取り上げている教員の一致した見解は、35〜40歳の曲がり角も遅しく乗り越えていける実践的指導力をもつ教員の育成である。そのために、ゼミ卒業生を中心に「若手研究会」を立ち上げている。大学を卒業し、本採用であれ、講師であれ、同じ志を持ち、真摯に教壇に立つ教員であれば、ともに学ぶ同士として参加することができる。
　学生も卒業生も、担当教員も、常に自分自身の実践的指導力を見直し、

発展的に磨ける豊かな環境を作り続けること、お互いが志をもち、相互にエネルギーをシャワーのように降り注ぎ続けること、それが目指す到達点である。

---

**コラム3　担任教師はコピーされる？　豊かな教養を♪**

　学校は、朝登校するところから下校するまでのすべての時間に教育活動を行っています。自分が教員になったら、どんな魅力を子どもたちに伝えて一緒に味わっていきますか。
　荒れていた一つの学校では、正面玄関のホールにピアノがおいてありました。でも残念ながら白鍵は根本から折られていて音を出すことができませんでした。もう一つの荒れていた学校では、学園祭の3学年の劇の中でベートーベンの「月光」を生演奏でつかいました。9月の本番に向けて、6月の練習中からピアノソナタ「月光」の第1楽章が流れるようになりました。「猫ふんじゃった」から「月光」に変わったのです。学園祭後の10月後半には、40名を超す子どもたちが、まねして弾くようになりました。「そこそこ、その低音が良い！」と周りで楽しんでいます。もちろん、ピアノは壊されませんでした。
　担任の歩き方も、話し方も考え方も、文字も、好きなものも、子どもにはすぐにコピーされてしまいます。
　でも、すべて完璧などという教員はいません。ここでも、常に我が身を振り返り、長所は積極的に出し、反省点は改善する姿勢が大事ですね。

（渡邊洋子）

〔注〕
1）毎日新聞 2014年11月15日付「余録」からの引用。
2）ジョルジュ・バタイユ著　中山元訳『呪われた部分 有用性の限界』2003年4月　筑摩書房　45〜46頁。
3）同書38頁。

第 3 章

大学教育の一環としての教育実習
——事例報告そのⅠ——

渡邊　洋子（常磐大学准教授）
阿久津一成（常磐大学非常勤講師）
大内　善一（茨城キリスト教大学教授）

## 1 「小学校教育実習」の概要

「小学校教育実習」は小学校で行う実際の教育実習と、そのための事前指導の授業と事後指導の授業で構成されている。本学では、教育実習には3年次春と4年次春に、それぞれ2週間ずつ、計4週間をかけている。そのため、2年次秋から4年次春までの4セメスターにわたって「小学校教育実習」の事前指導や事後指導の授業が行われている。小学校の教育実習を行う学生には「小学校教育実習」の60回すべてが必修の授業となっている。

(1) 3年次教育実習に向けての「2年次秋、小学校教育実習事前指導」

2年次秋には、小学校教育実習事前指導を正規の授業として90分×15回行っている。内容は、3年次春に行く教育実習の目的、心構え、学校の組織についての講義、指導案作成、模擬授業実施（3人が1グループとなり、学生一人約10分ずつリレー式に担当、30分間の算数科の授業を学生相手に行うものである。全員が1回は必ず担当する。）である。

上記以外に①「小学校授業参観への参加」②「初等教育実習反省会への出席」が必須事項として課せられている。

(2) 「3年次春、小学校教育実習の事前・事後指導」

3年次春は教育実習に行く前に、指導案作成と模擬授業（30分間の算数科授業を一人1回以上）を行っている。また、教育実習から戻ってきたところで、教育実習の振り返り及び反省を行っている。特に、3年次に2週間行う教育実習と4年次の教育実習をつなげていくために、3年次の教育実習での成果と課題を明確に自覚させるよう努めている。この「小学校3年次教育実習事前・事後指導」も正規の授業として90分×15回行っている。教育実習前に行う模擬授業では、担当する学年を考慮に入れながら、

算数科を中心において指導案を作成したうえで模擬授業を行っている。

(3) 4年次教育実習に向けての「3年次秋、小学校教育実習事前指導」
　4年次春の教育実習に向け、この授業も事前指導を90分×15回行っている。内容は教育実習の目的、内容、心構えの再確認と、3年次に行った教育実習の反省の振り返り、指導案作成、模擬授業実施（一人10分ずつ担当、主に国語科）などとなっている。3年次秋にも、小学校での授業参観と教育実習反省会が開催され、参加出席が求められている。

(4) 「4年次春、小学校教育実習の事前・事後指導」
　4年次春は、2回目の教育実習に伺う前に、指導案作成と模擬授業（各自1回以上の授業）を再度行っている。1回目の教育実習で学び得たこと、課題として残ったことをもとに、発問の仕方・板書・教材提示の仕方など授業のポイントを学ぶ。また、2回目の教育実習から戻ってきたところで、2回目の教育実習の振り返り、3年次と4年次の教育実習を合わせての反省、課題の確認を行っている。模擬授業では、担当する学年を考慮に入れ、指導案を作成した上で模擬授業を行っている。

(5) 小学校教育実習の依頼内容
　小学校教育実習を実施する学校には以下のように3年次と4年次で内容を分けて依頼している。

> ○3年次教育実習内容……ご講話、観察実習、参加実習を中心にご指導いただきたく存じます。
> 　3年次に教育実習を行う学生は、2年次後期より教育実習事前指導の授業を履修し、学生の前での模擬授業（主に算数科）を2回以上行った上で教育実習に臨んでおります。しかし、まだ、指導の至らぬところが多い状況ですので、基本的には観察実習とT.T等の形態による一部参加型の実習、学級事務、教室運営（朝の会・帰りの会・給食・清掃）などを経験さ

せていただけると有り難く存じます。学生の力量に応じて、2時間から5時間程度の教壇実習をさせていただくことが可能であれば、幸甚に存じます。

○4年次教育実習内容……大学内での規程上、5時間以上（3年次実習の授業時間と合わせて）の授業を行うようご指導いただきたく存じます。

各教科の授業に加え、道徳、特活などを含めてとなっております。4年次の実習内容は基本的には、3年次の実習内容—観察実習とT.T等の形態による一部参加型の実習、学級事務、教室運営（朝の会・帰りの会・給食・清掃）など—に加え、教壇実習、一日経営、研究授業などを経験できるようご指導いただいておりますが、学生の力量や状況にあわせ、規程を下回らない範囲で柔軟にご対応いただければ有り難く存じます。

(6) 「小学校授業参観」と「初等教育実習反省会」

「模擬授業」については次項で詳細に述べられるため、ここでは「小学校授業参観」と「初等教育実習反省会」について説明したい。

2年次と3年次の学生が「小学校授業参観」に参加している。45分の授業を参観し、その後、授業者との研究協議を行わせていただいている。例年、参観した授業にかかわる質問が矢継ぎ早に学生から出されている。研究協議は45分から50分取り、授業者からの説明の後、質疑応答の形で進められる。2年生と3年

**小学校授業参観の様子**

生という2学年で参観し、研究協議に臨むことは、学生に対して、非常に良い影響を与えている。3年生の積極的な姿勢に学び、2年生が刺激を受ける姿が例年見られるからである。授業参観の仕方についても、大学の授業で説明を受けてから来ているが、それでも、2年生は、すべてが初めて

の経験である。実際には３年生の参観の態度に学ぶところが大きい。大学の引率教員が細かに指導を入れるよりも、３年生の背中を見て、２年生が学ぶ場となっている。２年生はこの授業参観が正装をして小学校を正式に訪問する初めての機会となっている。授業参観の姿勢や服装、振る舞い方も、２年生は３年生の背中から知らずしらずの間に学んでいる。

　授業参観では学生にレポートも課されている。大学の授業で、模擬授業を行う際に授業を見るポイントを学んでおり、それが生かされる形で、授業の分析を進めることになる。

　「初等教育実習反省会」は教育学科の１年生から４年生まで、初等の免許履修者全員が参加する行事となっている。教育実習経験者の３年生、４年生から代表がそれぞれ選出され、７名発表者として壇上に並ぶ。３年生からは、初めての教育実習についての報告がなされる。４年

生からは小学校教育実習の授業を積み上げながら、２回目の教育実習に行くことで学び得た経験をそれぞれが報告する。スクールボランティア活動が非常に盛んに行われており、１年次から、毎週50人程度はボランティアに出かけているが、その活動の積み重ねも含めて報告がなされている。学生の報告は、「教師になること」以上に、「どのような教師を目指して努力しているか」や、「実習先の先生方がどのようなことに日々熱心に取り組んでいるか」、「授業や日常の指導でどのような工夫を行っているか」が報告の中心となっている。

　この「初等教育実習反省会」は、例年、ぴりっとした緊張感のある雰囲気で会が進行されている。学生主体の会であり、司会やはじめの言葉なども学生によって行われているが、教職を履修する学生であるという誇りある態度や真摯な姿勢が会場を覆っている。主にフロアーにいる上級生がそういった雰囲気を醸し出し、壇上にいる代表の３・４学生と共鳴していく

状況であり、1・2年生は、そういった緊張感ある空気に触れ、教育学科に所属し、教職を履修する立場の学生としての姿勢を学び、襟を正す良い機会となっている。

## コラム1　100％、完全にできることが当たり前の学校行事

　修学旅行や遠足などの学校行事。安否速報「〇〇小学校修学旅行団は全員無事、第1日目を終了し宿に入りました。」などのニュースがローカル局で流れることも多い。皆さんは、そういった報道を見て何を感じるだろう。

　学校行事は、危険と背中合わせである。学校内で通常の生活をしていても危険なことは多いが、一歩学校から出れば、普段以上に子どもは興奮し、予測できない場面に遭遇することも多い。しかし、100％無事にやりきることが当たり前のこととして受けとめられる場面である。

　学校が関わる教育活動は、すべてそれが絶対条件として言葉に出さなくとも暗黙の了解事項となっている。「子どもの命にかかわる危険」は一番に排除されなければならない。

　この怖さをきちんと正面から認識し、「危険にさらさないため」に細心の注意を払っているか、危険を最大限に予測し、予防した行事計画を作っているか、指導者がそういった観点で行事全体を掌握しているか、非常に重要になる。「取り返しのつかないこと」の怖さである。

　事前に予定したとおり、生活科の授業で河原に行ったら、たまたま大雨の後で、担任教師が注意する暇もなく、増水した川に子ども二人が足を取られ、流されてしまうという悲劇に襲われた事例がある。このような悲劇を二度と起こさないために、教員はこういった事例を詳しく検証し、そこから多くのことを学ばなければいけない。

　教員として着任する前日の3月31日までは判断の曖昧なぼやぼやした学生で、4月1日から正しい判断のできる立派な教員になれるわけではない。

　私たちは決して完璧な生き物ではないので、教員を目指すのであれば、常に自分を振り返り、脇を締めて、襟を正して、「魔」に魅入られる隙を作らない努力を日々怠らないようにしていくしかない。

（渡邊洋子）

## 2 「初等教育実習」による取り組みⅠ
　～第３学年「かけ算のしかたを考えよう」「なかよく分けよう」の模擬授業を通して～

### (1) 本授業の概要

　この講義は、学生がある程度自信をもって教育実習に参加できることを目指している。そのためには、教育実習事前の心構え、実習の手順、算数科学習指導案作成の仕方、学級担任のあり方、教育実習生のマナー等教育実習に必要な基本的事項を学ぶとともに、算数科の模擬授業を通して学習指導の方法や技術を実践的に習得することに重点をおいて講義を進めてきた。

　また、授業の到達目標としては、下記の事項を追求した。

○　教育実習事前の心構え、実習の手順、学級担任のあり方、教育実習生のマナー等、教育実習に必要な基本的な事項を学び、学生が教職希望者として自らの実習を行う姿勢と態度を磨く。

○　算数科学習指導案作成の仕方を学び、算数科の学習指導案を作成することができる。

○　算数科の模擬授業を通して、実習先で担当する授業の学習指導の方法や技術を実践的に習得する。

○　作成した算数科学習指導案をもとに、学生を小学生に見立てて、模擬授業を行うことができる。

　さらに、模擬授業の実施に当たっては、下記の事項を押さえた。

○　ねらい
　学生を児童に見立て、短い時間で学習指導の方法や技術を実践的に学ぶ。

○　方法
　①　教材研究は３名で行い、学習指導案や板書計画案は共同、または各自で作成する。

②　模擬授業の時間は30分とする。

（秋セメスターでは導入、展開、終末と３名で分担。春セメスターでは、１人で実施。）

③　学生を相手に模擬授業をする。

④　模擬授業前に、学習指導案と板書計画案を印刷、配付する。

⑤　模擬授業後、相互評価を実施する。

○　算数科の模擬授業の考え

①　算数的活動を通して指導すること

　学習指導要領「算数科の目標」は、算数的活動（※）を通して学習することによって、算数科の学習を楽しく、分かりやすく、感動のあるものにするなど、児童が目的意識をもって主体的に取り組む方向に、算数の授業を改善していくことを期待している。

　※「算数的活動とは、児童が目的意識をもって主体的に取り組む算数にかかわりある様々な活動」[1]

②　算数的活動の効果的な場面を求めること

　児童が行う算数的活動が、本時が目指す目標や算数の内容とをつなぐ効果的な活動となるように、活動場面を充実することが重要である。

③　算数的活動が効果的な学習過程を工夫すること

　算数的活動は問題解決の活動であるから、「学習活動も問題解決の過程」[2]にそって行うことが大切である。

| コラム１ | 算数的活動の効果的な活用 |
|---|---|

　算数的活動を積極的に取り入れることによって、
・算数の授業が、教師の説明が中心であるものから、児童の主体的な活動が中心となるものへ転換することができる。
・分かりやすい学習となったり、実生活での活動と算数との関連が明らかになったりする。
・算数の楽しさやよさが感じられ、感動ある学習ともなっていく。

などの効果が考えられる。そこからは、算数の授業を転換したいという願いが感じられる。

（吉川成夫　小島宏編著　『小学校算数「数学的な考え方」をどう育てるか』
2011年8月、教育出版、p.24より）

(2)　実践事例
【秋セメスターでの実践】
　2年生を中心とした秋セメスターでは、教科書「たのしい算数3上」大日本図書4「かけ算のしかたを考えよう」12時間扱いを教材に模擬授業を実践した。
① 指導計画
　　第1回　ガイダンス、教育実習の意義と心得、目標、内容を学ぶ。
　　第2回　教育実習への心構えと準備。お礼の手紙の書き方を学ぶ。
　　第3回　グループ作り、算数科教育でおさえるべき基本的なポイントを学ぶ。
　　第4回　担当教員による模範授業を受け、授業の組み立てを学ぶ。
　　第5回　学習指導案づくり1　小学校学習指導要領解説算数編をもとに、目標、指導観、教材観を作成する。
　　第6回　学習指導案づくり2　小学校学習指導要領解説算数編をもとに、本時の目標、指導の流れを作成する。
　　第7回　学習指導案づくり3　小学校学習指導要領解説算数編をもとに、本時の展開、板書計画、教材・教具を作成する。
　　第8回　模擬授業1　模擬授業についてのディスカッショングループ1・2・3
　　第9回　模擬授業2　模擬授業についてのディスカッショングループ4・5・6
　　第10回　模擬授業3　模擬授業についてのディスカッショングループ7・8・9
　　第11回　模擬授業4　模擬授業についてのディスカッショングループ

　　　　　10・11・12
　　第12回　模擬授業5　模擬授業についてのディスカッショングループ
　　　　　13・14・15
　　第13回　模擬授業6　模擬授業についてのディスカッショングループ
　　　　　16・17・18
　　第14回　模擬授業7　模擬授業についてのディスカッショングループ
　　　　　19・20
　　第15回　模擬授業のまとめ
　　　　　テーマ「模擬授業の向上を求めて」についてパネルディスカッション

② 算数的活動の把握
　　ア　学習指導要領の算数的活動
　　「整数、小数及び分数についての計算の意味や計算の仕方を、具体物を用いたり、言葉、数、式、図を用いたりして考え、説明する活動」[3]
　　イ　算数的活動の効果的な場面を工夫すること
　　　　○　効果的な場面での時間確保
　　　　　・立式した根拠を説明する場面
　　　　　・計算の仕方を説明する場面（重点）
　　　　○　練り上げを効果的にする算数的活動の内容
　　　　　・位取り板の図で説明
　　　　　・数式の和で説明
　　　　　・筆算の形で説明（重点）
③ 課題をとらえ、解決の見通しを立てる段階では、算数的活動ができる学習のめあて（学習課題）の提示が重要
　　ア　事例1　第1時（何十）×（一位数）
　　　1　本時の目標
　　　　○　1枚20円の工作用紙を3枚買ったときの代金をもとめる活動を通して、ことばの式からかけ算の式が立式できる。さらに、その計算のしかたが説明できる。

2　本時の指導
　　【課題をとらえ、解決の見通しを立てる段階】のみを紹介

問題　| 1枚20円の工作用紙を3まい買います。代金は何円でしょう。

○　問題を読み取る。
○　代金をもとめる式や立式の根拠を各自考える。
　　・　ことばの式の考え
　　・　図を使っての考え
○　学習のめあてをつかむ

> 1まいのねだん×いくつ分＝代金を使って、計算のしかたを考えよう。

3　模擬授業の話し合い
　模擬授業後の話し合いでは、特にめあてについての意見が多く、次のように修正された。

> 今まで学習したかけ算九九を使った、計算のしかたを考えよう。

イ　事例2　第2時（何百）×（一位数）
　1　本時の目標
　　（何百）×（一位数）の計算のしかたを考える活動を通して、その計算のしかたが説明できる。
　2　本時の指導
　　【課題をとらえ、解決の見通しを立てる段階】のみを紹介

問題　| 500×3の計算のしかたを考えましょう。

○　問題を読み取る。
　○　学習のめあてをつかむ

> 500×3の計算のしかたを考えましょう。

　3　模擬授業の話し合いで修正しためあて

> 500×3の計算のしかたを考え、説明できるようにしよう。

ウ　事例3　第3時（2けた）×（1けた）の部分積にくりあがりがない場合
　1　本時の目標
　　1本32円のえん筆を3本買ったときの代金をもとめる活動を通して、既習の乗数をかけて求める計算のしかたと筆算形式の結びつきが分かり、その計算ができる。
　2　本時の指導
　　【課題をとらえ、解決の見通しを立てる段階】のみを紹介

| 問題 | 1本32円のえん筆を3まい買います。代金は何円でしょう。|

　○　問題を読み取る。
　　　代金をもとめる式や立式の根拠を各自考える。
　　　　・ことばの式の考え
　　　　・図の考え
　○（何十）×（1けた）の計算で答えのおよその数を予想する。
　○　学習のめあてをつかむ

> 　今までの学習を生かした図や式を用いて、32×3の計算のしかたを考えてみよう。

### 3　模擬授業の話し合いで修正しためあて

> 今までの学習を生かした32×3の計算のしかたを考え、そのわけを図や式で説明しましょう。

エ　事例4　その他の模擬授業の話し合いで修正しためあての事例

> くりあがりのある（2けた）×（1けた）の計算のしかたを考え、せつめいカードで説明しよう。

> くりあがりのある29×3の計算のしかたをせつめいできるようにしよう。

> 今までの学習を生かし、72×3と72×6のひっ算のしかたを考え、せつめいできるようにしよう。

> くりあがりが2回ある389×6のひっ算のしかたを考え、せつめいプリントをつかってせつめいしよう。

**【春セメスターでの実践】**

3年生を中心とした春セメスターでは、教科書「たのしい算数3年上」大日本図書6「同じ数に分ける計算を考えよう」11時間扱いと教育実習の担当学年教材を中心に、模擬授業を実践した。

① **指導計画**
第1回　ガイダンス、教育実習の意義と心得、目標、内容を学ぶ。
第2回　算数科の教材決定。実習先の評価表に学ぶ。
第3回　担当教員による模範授業。模範授業から学ぶ。

第4回　学習指導案づくり1　小学校学習指導要領解説算数編をもとに、目標、指導観、教材観を作成する。
第5回　学習指導案づくり2　小学校学習指導要領解説算数編をもとに、本時の目標、指導の流れを作成する。
第6回　学習指導案づくり3　小学校学習指導要領解説算数編をもとに、本時の展開、板書計画、教材・教具を作成する。
第7回　模擬授業1　模擬授業についてのディスカッション1番〜5番
第8回　模擬授業2　模擬授業についてのディスカッション6番
第9回　模擬授業3　模擬授業についてのディスカッション11番〜15番、実習報告1
第10回　模擬授業4　模擬授業についてのディスカッション16番〜25番、実習報告2
第11回　模擬授業5　模擬授業についてのディスカッション21番〜25番、実習報告3
第12回　模擬授業6　模擬授業についてのディスカッション26番〜30番、実習報告4
第13回　模擬授業7　模擬授業についてのディスカッション31番〜35番、実習報告5
第14回　模擬授業8　模擬授業についてのディスカッション31番〜35番、実習報告6
第15回　テーマ「よりよい模擬授業を組み立てる」について指導・助言

② 算数的活動の把握
　ア　学習指導要領の算数的活動
　　「整数、小数及び分数についての計算の意味や計算の仕方を、具体物を用いたり、言葉、数、式、図を用いたりして考え、説明する活動」[4]
　イ　算数的活動の効果的な場面を工夫すること
　　○　効果的な場面での時間確保
　　　・　立式した根拠を説明する場面
　　　・　計算の仕方を説明する場面（重点）

○ 練り上げを効果的にする算数的活動の内容
・ 図で説明
・ ことばの式で説明
・ □を使ったかけ算の式の答えの求め方を「ことば」で説明（重点）
③ 解決したことをもとに説明したり、話し合ったりする段階では、算数的活動の効果的な場面を工夫し、児童の考えを生かした形式化が重要
　ア　事例1　第3学年　単元名　「なかよく分けよう」
　　1　本時の目標
　　　等分除の場面を図や既習のかけ算の式、たとえば□×3＝12に表し、□にあてはまる数を、3の段の九九を活用して求めることができる。
　　2　本時の指導
　　　【課題をとらえ、解決の見通しを立てる段階】を紹介

問題
　　いちごが12個あります。3人に同じ数ずつ分けると、1人分は何個になるでしょう。

めあて
　　同じ数に分ける答えの見つけ方を、できるだけ図や式を書いて考えましょう。

【解決したことをもとに説明したり、話し合ったりする段階】を紹介
○　答えの見つけ方を発表し、説明する。
　ア　いちごの代わりに○で図を書き、3人に分けて1人分の数を求める説明
　　・　3人に1こずつくばると、これが4回でくばりおわる考え
　　・　3このかたまりをつくり、これを3人にわけると、4回でく

　　　　ばりおわるという考え
　　イ　ひきざんを使い、3こずつ引いていくことで答えを見つける考
　　　えを説明
　　　・　1回め　　　12－3＝9
　　　　　2回め　　　 9－3＝6
　　　　　3回め　　　 6－3＝3
　　　　　4回め　　　 3－3＝0
　　　・　12－3－3－3－3＝0
　　ウ　かけ算の考え方で説明
　　　　1人分1こ　　1　×　3　＝　3
　　　　1人分2こ　　2　×　3　＝　6
　　　　1人分3こ　　3　×　3　＝　9
　　　　1人分4こ　　4　×　3　＝　12
　　　　（1人分の数）×（人数）＝（全部の数）
　　　　　　　　　　　　　　　　<u>答え　1人分は4こ</u>
　　エ　ことばの式で、かけ算の「（1人分の数）×（人数）＝（全部の
　　　数）を考え、これを□×3＝12と考え□＝4と説明
○　すべての考えが正しく、同じことを説明していることがわかった
　か。
○　□を使ったかけ算の式の答えの求め方が説明できたか。
・　ことばの式で、かけ算の（1人分の数）×（人数）＝（全部の数）
　を考え、□×3＝12
・　□にあてはまる数を3の段の九九で求める。
○　新しい「わり算の式」を知る。
・　「12このいちごを、3人に同じ数ずつ分けると、1人分は4こにな
　ります。このことを式で、12÷3＝4と書いて、12わる3は4と読
　みます。」[5]
　　　　 12　÷　3　＝　4
　　（全部の数）（人数）（1人分の数）

「12÷3のような計算をわり算といいます。」[6]

---

| コラム2 | 算数の授業のための望ましい学習課題 |

(1) 児童の側からみた条件
① 児童に親近感や真実感をもたせることができる。
② 児童に興味・関心や疑問・不思議さ・好奇心などを抱かせることができる。
③ 児童にとって適当な難しさの障害や抵抗を感じさせることができる。
④ 児童にその学習に挑戦させようとする必然性や必要性を感じさせることができる。
⑤ 児童が解決したあと、よさを感得したり達成感や満足感を味わわせることができる。
⑥ 児童の多様な考え方や種々のレベルでの反応を発現することができる。
⑦ 児童がさらに発展的に考えたり扱ったりしていくことができる。

(平岡忠 水戸算数・数学同好会著『算数・数学授業の新展開5 楽しい算数・数学の授業―学習課題の活用』1987年3月、明治図書、p.27より)

---

④　その他、模擬授業で重視した指導事項
- 板書計画案の作成
- 問題提示の仕方
- 自力解決の支援の仕方
- 考えさせることと教えることを押さえた指導
- 算数の授業での発問
- 既習事項を生かす算数的活動と支援
- 説明し、伝え合う活動場面での学習形態の工夫
- 結果だけでなく途中を意識させる振り返る学習態度の訓練
- つまずきを生かす指導と支援

## (3) 算数の模擬授業の成果と今後の課題

　模擬授業におけるアンケート結果より考察する。(平成25年9月26日教育学科3年生28名、平成26年1月7日教育学科2年生44名実施)

① 「調査項目1　模擬授業を実施してよかったと思いますか」では、
- 非常によかった……………………………………………71%
- よかった……………………………………………………26%
- どちらともいえない……………………………………… 0%
- よくなかった……………………………………………… 0%
- 無答………………………………………………………… 3%

　無答を除いて全員がよかったと回答しており、模擬授業を中心とした授業形態には、学生も肯定的に受け止めていることが分かった。

② 「調査項目2　模擬授業を実施して、よかったことやためになったことはどんなことですか。(複数回答可)」では、
- 実際の模擬授業……………………………………………85%
- 指導案の書き方……………………………………………79%
- 友達の模擬授業参観………………………………………72%
- 教具等の準備………………………………………………64%
- 板書計画……………………………………………………61%
- 担当教員による模範授業…………………………………47%
- 授業後の話し合い…………………………………………45%
- その他……………………………………………………… 7%

　以上のことから、自分自身の課題としてよりよい授業をしようとする意欲の高まりや授業の難しさを感じ取っている様子がうかがえ、学生にとって充実した模擬授業になっていることが分かった。

③ 「調査項目3　あなたが力を入れた事項や重要だと思ったことはどんなことですか。(複数回答可)」では、
- どこで算数的活動をさせるか……………………………63%

- どのように児童の考えを発表させるか……………………58%
- どんな学習のめあて（学習課題）で自力解決の意欲を
  わかせるか……………………………………………………57%
- つまずきを予想してどんな対策をとればよいか…………54%
- どんな発問で児童の考えを深めるか………………………54%
- 導入をどうするか……………………………………………53%
- どんな板書をさせるか………………………………………53%
- 問題提示をどのようにするか………………………………51%
- どのようなヒントを与えるか………………………………49%
- どんなまとめやふりかえりをするか………………………49%
- どんな教具を用意すればよいのか…………………………44%

以上のことから、児童が目的をもって主体的に活動できる算数の授業を実現させようとする学生の思いや願いが推測できた。

④　「調査項目4　今後の模擬授業をするに当たって、要望事項などがあったら書いてください。」では、

　学生の要望事項「一人あたりの時間がもう少しあると、もっと実践的になると思う。」や「授業後の討議（反省）をもっと充実していくとよりよくなると思う。」、「自分の考えを共同で相談する時間がほしい。」などから、模擬授業の配当時間の検討、授業後の話し合いの時間や方法の充実、教材研究の検討時間の確保等、今後さらに工夫・改善していく必要があることが分かった。


〔注〕
1) 『小学校学習指導要領解説算数編』文部科学省　2008年8月　P.18
2) 編集新算数教育研究会『講座算数授業の新展開7 算数的活動』東洋館出版社　2010年4月　P.35
3) 4) 『小学校学習指導要領解説算数編』文部科学省　2008年8月　P.92, P.95
5) 6) 『教科書「たのしい算数3年上」』大日本図書　2010年3月　P.66, P.67

(阿久津一成)

## 3　「初等教育実習」による取り組みⅡ
### ～三人グループによるリレー式模擬授業を通して～

(1)　三人グループによる模擬授業

　「初等教育実習Ⅱ」は、3年次後期に開講している。

　国語科の模擬授業を通して、①教材を分析する力、②授業を構想する力、③授業を展開する力を育てることを狙いとしている。

　30分を三人グループでリレーしながら展開するという方式での模擬授業である。

　リレー式授業はティームティーチングとは異なる。30分間を適宜、前段・中段・後段に分けて三人の授業者がリレーしながら行っていくという方式である。

　勿論、教材分析や授業の構想は三人が協力して行っていくことになる。

　三人で協力して授業づくりを行っていくのである。

　お互いに切磋琢磨していくことでより望ましい授業を創り出すことが期待されている。

(2)　教材分析

　模擬授業で使用する教材は、教員の側で用意することにしている。

　①「お手紙」（1年）、②「ビーバーの大工事」（2年）、③「サーカスのライオン」（3年）、④「白いぼうし」（4年）、⑤「一つの花」（4年）、⑥「海をかっとばせ」（5年）、⑦「やまなし」（6年）

　これらの教材の中から、各グループで使用教材を一つ選ばせる。

　各教材について、最初のガイダンスの際に、教員の側から教材への切り口を示し、指導事項を取り出してやる。

　例えば、①「お手紙」の場合では、「二人ともかなしい気分で」と「二人とも、とてもしあわせな気もちで」という部分の対比的な表現の違いという観点、また、「『ああ。』がまくんが言いました。」という部分の「あ

あ。」という表現の意味、等を取り出して解釈を加える。

　②「ビーバーの大工事」では、「ドシーン、ドシーン」「ガリガリ、ガリガリ」「ずるずると」「ぐいぐいと」等といったオノマトペの表現がビーバーの生態を表していること。「まるで、大工さんのつかうのみのようです。」「おは、オールのような形をしていて」「まるで、水の上にうかんだしまのようです。」といった比喩法、また、「五十センチメートルいじょうもある木」「ビーバーは、ふつうで五分間、長いときには十五分間も水の中にいます。」「ダムの中には、たかさ二メートル、長さ四百五十メートルもある大きなもの」といった数詞の表現が普通の動物には見られないような生態や習性を表していることについて理解させる。

　「ビーバーの大工事」という題名からも、なぜ「巣作り」でなく、「大工事」という言葉を使ったのかを考えさせ、「巣作り」と「大工事」という表現の違いからビーバーという動物の特別な生態や習性について読み取っていくことができることを説明した。

　③「サーカスのライオン」では、「ライオンのじんざ」が燃えさかる炎の中に飛び込んでいった場面で、「ほのおはみるみるライオンの形になって、空高くかけ上がった。ぴかぴかにかがやくじんざだった。もう、さっきまでのすすけた色ではなかった。」という叙述が意味している事柄を考えさせていくという観点について取り上げている。

　この場面は、「サーカスのライオン」という題名と深く関わっていて、年老いたライオンのじんざが「ねむっているときは、いつもアフリカのゆめを見」ていること、「ゆめの中に、お父さんやお母さんやお兄さんたちがあらわれ」て、「草原の中を、じんざは風のように走っていた」といった叙述箇所と結びつけて、この叙述箇所から炎の中に飛び込んだじんざがアフリカの大草原に帰っていったのではないかという解釈が引き出せるだろうという説明を行っている。

　ここに、「アフリカのライオン」ではなく、「サーカスのライオン」という題名がつけられている意味があることに気づくことも大切なのだと説明した。

④「白いぼうし」では、最初の場面での松井さんとお客のしんしのやりとりや行為から松井さんの人柄を読み取ること、3の場面では「おかっぱのかわいい女の子」の正体が〈伏線＝ほのめかし〉という手法によって読み取れていくような筋立てとなっていることを理解させている。

　また、最後の場面で「よかったね。」「よかったよ。」「よかったね。」「よかったよ。」という会話の表現が〈段違い表記〉となっていることの意味、ここには誰が言っている言葉なのか、一人なのか複数の人物の言葉なのか、声の強弱、白いちょうたちが舞い飛んでいるような視覚的な効果等が意図されていることを理解させている。

　他の教材に関する分析は省略するが、以上のような教材分析を手がかりとしてグループ毎に取り上げる教材を決定して、どの部分を取り上げるかを相談させている。

(3) 授業の構想と展開

　各グループ毎の教材分析に続いて授業の構想を行う。

　三人で各人がどの部分を担当するかも含めて、30分の授業の流れを検討させる。

　授業を構想するに際して、注意を促した諸点、模擬授業の展開を通して浮かび上がった課題について以下に述べておこう。

① 学習者に対する理解

　教材研究の一環として「学習者の実態」を捉えるという課題がある。学習者である子どもの実態を理解すること。

　子どもの実態を正しく捉えるということが殊の外難しい。ある意味で教材を理解することよりも困難なところがある。子どもの目の高さで物事を考えてやれる。生徒指導にあって最も大切なことである。

　国語科の読みの学習の場合には、当該教材を学習者である子どもがどのように読むかを、指導以前に知っておく必要がある。子どもが興味・関心を抱く箇所を的確に把握していく力が教師には必要なのである。

子どもの目の高さで教材を読む力が教師には求められているのである。
　子どもの興味・関心に寄り添いながら、学習課題を捉えさせ、これに教師の側の指導課題を結びつけていくことが必要不可欠なのである。
　このことが当該教材で〈何を〉〈どう〉教えるかということに通じていくのである。

② 狙いを限定する
　一時間の授業で指導する〈教科内容＝何を〉を思い切って絞り込むこと、狙いを限定することが大切であること、あれもこれもという網羅主義は避けなければならないことを強調している。
　例えば、「ビーバーの大工事」であれば、ビーバーがどれほど特殊な動物であるかを筆者がどのような言葉で説明しているのかに絞って読み取らせるのである。そのために、教材分析のところで見ておいたように、ビーバーの生態や習性を表している言葉に着目して指導していくのである。
　「サーカスのライオン」であれば、題名に着目して「サーカスの～」の「の」が「サーカスにいる」という意味で、「アフリカにいる」という意味ではないという点に着目させて、この物語の主人公である「ライオンのじんざ」の悲劇に焦点を絞った指導に限定していくのである。
　「白いぼうし」の場合であれば、3の場面で「おかっぱのかわいい女の子」の正体がこの場面での〈ほのめかし＝伏線〉という筋立てによって暗示されていること、そのことは、最後の場面の「よかったね。」「よかったよ。」の〈段違い表記〉と密接に関わっていることに気づかせることに限定して指導していくことなのである。

③ 学習者の思考の保証
　狙いを限定することと反対に、その狙いを達成するための学習者の学習活動はじっくりと行えるように保証してやることが大切となる。
　そのために、教材を声に出して読んだり、一人ひとりが考えたことを二～三人の小集団で話し合ったり、話し合ったことを短時間でまとめたり

といった活動を十分に保証してやることが不可欠である。

　要するに、子どもたちが自分の考えを十分に深めていくための活動や時間的な保証が必要だということである。

　ただ、時間的な保証は大切であるが、それは時間を際限なく使わせることではない。作業時間を「３分で」とか「５分で」といったように具体的に指示することが求められる。

　国語科の読みの学習では、基本的に教材の〈音読〉で始まり、〈朗読〉で終わるということ、すなわち、声に出して読ませることを大切にしたいということである。「舌頭に千転させる」という昔からあった方法を大切にしたいということである。

　同様に、これまた基本中の基本であるが、書いて覚えること、書いて考えを深めること、すなわち、「筆端で読み、考える」という昔からあった方法に立ち返った指導を大切にしたいということである。

④　狙いの達成に迫る発問の設定

　作業の内容・方向を明確にするためには、具体的な指示が大切である。

　しかし、最も大切なのは狙いに端的に迫っていくための発問である。

　例えば、「サーカスのライオン」では、「炎に巻かれて『金色に光るライオン』となって『空を走り、たちまち暗やみの中に消え去った』ライオンのじんざは、一体どこに行ったのだろうか？」という問いかけを行ってはどうだろうか。

　「白いぼうし」では、「おかっぱのかわいい女の子」の正体を予想させる発問であれば、「３の場面で、どこか変だな、不思議だなと思ったところはないですか？」とか、「運転手の松井さんは小さな女の子が一人でタクシーに乗ることをおかしいとは思わなかったのでしょうか？」といった問いかけが考えられるであろう。

⑤　ワークシートの作り方

　授業では、ワークシートがよく使用される。

このワークシートが学生たちの模擬授業ではあまり意味のないものであることが多い。ワークシートは、あくまでも子どもたちがじっくりと考えを深めることのできる場と時間の保証として使用されるものである。
　子どもたちの思考を妨げたり混乱させるようなものであってはならない。
　「白いぼうし」の模擬授業で、ワークシートの中に「松井さんの友達になったつもりで、松井さんのことを紹介する文章を書いてみよう」という指示が書かれた枠が設けられていた。松井さんの人柄を読み取って分かりやすく説明させる上で、この指示はなかなか優れたものであったと言える。

⑥　学習指導上の躾

　授業づくりで大切なことの一つに、学習指導上の躾がある。
　学習の躾は学習生活を円滑に進めていくための約束事である。
　本を読むときには、本を目の高さにもって読むこと、発表する時には、「ハイ」と手を挙げるのでなく、黙って立ち上がって発言のタイミングを見計らって発表するといったことである。
　佐藤康子氏と筆者との共著に『子どもの「学び方」を鍛える』（2009年5月、明治図書）がある。
　この本の中で佐藤氏はあらゆる学習生活の根幹となる「学習の基本的な躾」について言及している。佐藤氏は躾について「文字通り身を美しくすることであり、立ち居振る舞いから身のこなし、物の扱い方などがきれいで当たり前にできること」と述べている。

| コラム1 | 筆端で読む「視写」 |
| --- | --- |

　視写の効用は、筆端（からだ）で読むこと、頭だけで解釈するのでなく、指の先でも解釈していくこと、思考していくこと、さらには指の先で

> 筆者の書きぶりや文体までも体得していくところにある。
> 　かつて青木幹勇という国語教師は、従来の発問中心であった読みの授業に「第三の書く」(青木著『第三の書く　読むために書く　書くために読む』1986年、国土社)という刮目すべき学習方法を導入した。この「第三の書く」に対応できる力、とりわけ「筆速」(正しさ、速さを含めて書く力)を育てるためにクラスの「平均筆写力」実態調査を行い、その実態を踏まえて筆写の「反復練習」を行わせている。その方法となったのが「視写」である。
> 　青木はこの視写の方法及びその意義と効用について言及している。
> 　この中で青木は「視写は、教師も子ども(ノート)といっしょに書(板書)」くことを勧めている。そして、「中下位の子ども」には、「この視写を毎時間七分～十分続け」ていると、「子どもたちの筆速は上昇し、遅くとも三か月経てば、低学年で分速一五字～二〇字、中学年で、二〇～二五字、高学年で二五字～三〇字」の速度まで近づいてくると述べている。
> 　青木はさらに、「視写することは、読むこと」であり、「書くことにゆとりができる」と「書きながら、思考や想像をはたらかせて読める」し、教師にとっても「この書くことが教材研究につながってくる」と、その意義について言及している。ほかにも、青木は視写の効用として「句読点、いろいろな記号、改行など表記に関する内容なども、書いているうちに身についてくる」(青木著『いい授業の条件』1987年、国土社、149～150頁)と述べている。

　佐藤氏はこれらの些細な約束事を「無造作にやらせてしまうと何でもどうでもよい子ども」を育ててしまうことになると釘を刺している。そして、「どうでもいいという風潮が学級に漂うと、集団に締まりがなくなり、学級崩壊などにつながる」(23頁)とまで指摘している。

　佐藤氏が第一に取り上げている「学習の躾」は「文房具の扱い方」である。「紙の折り方」「のり付け」「教科書の開き方」「鉛筆の持ち方」「線の引き方」等である。

　これらの躾の意義について佐藤氏は「指の腹を使う」ことが「指先の感覚を育てること」につながるのだと言う。

　紙を折る時には、「指の腹で折り目をつけるんだよ」(24頁)と教える。のり付けはスティックのりでなくボトル入りののりを使わせて、「人差し

指でのりを塗り、親指と中指で作業をする」(25頁) ときれいに仕上がることを教える。

　教科書を開かせる時には、表紙をホッチキス針が打ってあるところまで十分に開かせ、「指のお腹でなぞらせる」と言う。

　教科書を持つ時には、目線の高さまで持ち上げさせ「親指と人差し指」で持たせ、「左手の親指で次のページを送る準備をし、右手親指と人差し指で素早く受け取らせる」(26頁) と述べている。

　佐藤氏のこの指の腹を使って指先の感覚を育てるという発想は卓越している。指先は思考の先端なのである。我々は頭だけで思考していると思い込んでいる。それは間違いなのである。

　思考は頭だけでするものではない。筆端で読む、筆端で考えることもあるのである。視写がそれである。視写は指先で思考し、指先で解釈することなのである。

　学習の躾とは単に形を整えるだけの小手先のことでなく、思考と深く関わっているのだということを明確に認識すべきなのである。

（大内善一）

# 第4章

# 大学教育の一環としての教育実習
―― 事例報告そのⅡ ――

池内　耕作（茨城キリスト教大学教授）
石田　隆雄（茨城キリスト教大学教授）
細川美由紀（茨城キリスト教大学准教授）

## 1　教育実習に向けた準備と課題

　茨城キリスト教大学（以下、「本学」）では、事前・事後指導を含む教育実習の記録を、「教育実習履修簿」に詳細にとりまとめて提出することを履修者に課している。その冒頭では「教育実習の目標」として、次の6つの項目を掲載してきた。以下、一つずつ順番に紹介し、解説したい。

### (1)　勤務の体験を通して、教育作用の全般的な認識を深めること

　教育実習には明確な目標がある。目標を達成するための方法仮説（理論）が予め準備され、その方法が実施された後には効果性が検証され、検証結果に基づいて次回の方法が（時に目標群も含めて）見直され調整される。

　この一連のサイクルは、一般に「PDCAサイクル」（Plan-do-check-act cycle）と呼ばれている。一般企業経営において叫ばれてきた言葉だが、学校経営や学級経営においても昔からこのサイクルは繰り返されて来た。通常3〜4週間という短期間の教育実習であっても、履修者が展開すべきPDCAサイクルがある。

　実習当初の1週間は「観察」が主たる活動となるが、どのような「視点」をもって観察できるか、また観察した内容をどのように記録して咀嚼しうるか、また2週目以降の授業実践や幼児・児童・生徒対応に結びつけることができるか等々の成否は、大学におけるそれまでの学びにかかっている。一定の力量に達していれば、1週間の観察においても履修者の内部でPDCAサイクルが生じるが、未熟であれば単に「体験あって学修なし」のままで終わる。

　人生では、無目的な体験が「貴重な体験」となることは多々ある。しかし教育実習は、あくまで目的的・計画的・意識的な「PDCAサイクル型実習」がその本筋を占めていなければならない。この本筋がしっかりしてい

第4章　大学教育の一環としての教育実習―事例報告そのⅡ―

てはじめて、おそらく実習中に幾度も訪れるだろう予測不可能な数々の体験も、はじめて意味を持ってくる。もちろんその意味づけをしっかりとなせる力量がなければ、やはり貴重な体験が体験のままに終わってしまう。

　予め目的的・計画的に描かれた事柄と、それを遂行するなかで付随する未知・未見・未測であった事柄、その双方が「勤務の体験」を形成する。この体験をそのままに終わらせることなく、体験を通して「教育作用の全般的な認識（学修）」を、PDCAサイクルの営為をもって「深める」。これが、本学が教育実習の目標として最初に掲げる「勤務の体験を通して、教育作用の全般的な認識を深める」ことの意味である。

　最初のサイクルでは、事前に予測できなかった数々の事柄がどっと押し寄せるであろう。優れた座学の学びを深めてきた実習生も、やはり受動的に「体験」させられる羽目となる事柄は多いことだろう。予測できなかったことが起こってしまうことは問題ではない。各サイクルにおいて、PDCAのA（ACT：改善策設定）がしっかりなされ、予測できなかった事柄が次のサイクルのP（Plan：計画）では予測されるものの一つにしっかり加算されてゆくことが重要である。

　教員は、その教職生活の全体をもって、気が遠くなるほどのサイクルを繰り返す。そしていくら繰り返しても、その後の勤務の全てが「予測可能」となる日は来ない。この点が教育の「醍醐味」とも言えるが、それでもサイクルの「多寡」と「質」が依然として重要である。質の高いサイクルを多く積み重ねてきたベテラン教員であっても、「未来を完全に予測する」ことはない。しかし、「不易」（本質的に変わることのない大切な事柄）をなす力量は、サイクルの多寡と質に劣る教員よりも大きい。そしてどのような「流行」（不測の事態）が未来に生じても、適切に「対応」できる可能性や瞬発力は、やはり良質のサイクルを繰り返してきた教員のほうが、そうでない教員よりもはるかに大きい。

　したがって実習生は、このサイクルを「堂々めぐり」のイメージで捉えるべきではない。中教審は昨今、特に教職大学院構想のなかで「理論と実践の往還」との表現を用いているが、「往還」と言っても、毎度のサイク

ルが常に前回と同じ地点から始められるならば、それは「堂々めぐり」でしかない。教育（教育的 PDCA）が実のところ Try and Error の繰り返しであるとして、それでも次時のサイクルにおけるスタート地点は前回のそれよりも少し高い地点に位置しなければならない。教育実習生は、PDCA サイクルを「堂々めぐり」ではなく「螺旋型上昇サイクル」としてイメージすべきなのである。教育実習は、その「螺旋の発端にしっかりと立つこと」と言ってよく、このことが「実践的指導力を高める」ことにつながるのだ。

(2) 教師として必要な知識と技能を習得すること

　本学が掲げる教育実習の目的の２つめは、教師としての知識と技能の習得である。「教育作用の全般的な認識を深める」とした前述(1)の目的とも連なるが、そのうちの「知識・技能」面に照射する目的設定となっている。

　教師として必要な知識とはどんなものかを問えば、広義にはその限界がない。つまり世に言われるように、「学校の先生はいろんなことを知っていなくてはならない」。したがって、他のどのような職業よりも、学校教諭は「生涯学習の徒」でなければならず、その勉学の歩みを止めてはならない。またその場合の勉学において、「教師として」というのと「人として」というのとでは違いも差も全くない。

　一方で狭義には、「大学の教職課程で扱われた知識」ということになろう。教壇に立った時、新任教員がまず具備しておかなければならない必要最低限の知識である。またその知識とともに、それを遂行できる最低限の技能を有するとき、新任者に求められる「実践的指導力」が身についているということになろう。

　俗に言えばこのことは、「採用試験で問われる知識と技能」と言えなくもない。ただし採用試験の範囲も相当に広く、そこで満点をとって教壇に立つ者もほぼ皆無であるから、合格したことをもって「必要最低限」を証することはできても、万全とは当然言い難い。

その後においてもこのことは変わらない。学校教諭と言っても、知識・技能面において「万全（完璧）」な境地に達することはありえない。またこのことが、PDCAサイクル、研修、教員自身の生涯学習が必要であり続ける所以でもある。

　ただし、「自分は完璧だ」と自惚れることが危険であるのと同様、「子供とともに成長するのだ（成長してゆけば良いのだ）」と開き直ることもまた大いに危険性をはらんでいる。

　教師は確かに、子供に教えるのみならず、多くのことを子供から教えられる。教師として必要な知識は、大学時代に学んだ事柄（先人が過去の子供達から学んできた事柄）が半分、そして目の前の子供から直接的・間接的に教わることが半分を占めている。したがって、先人を通して過去の子供を学び、目前の実践を通して現在の子供を学び続ける謙虚さが、教師には何より必要である。

　しかしながらその謙虚さは、「だから今の自分は未熟で良いのだ（未熟であることが当たり前なのだ）」という甘えや言い訳、開き直りにつながってはならない。ベテラン教師は若手教師の「子供とともに成長していきます」という言葉に、微笑みながらもどこかで「未熟さの言い訳」の匂いを嗅ぎ取っている。親がそれを聞くならば、やはり微笑みながらもどこかで不安感を抱くだろう。

　総じて若い教員は、教壇に立ったその日から、必要最低限の知識・技能を具備した、あくまで「若手のプロフェッション」でなければならない。この自覚と覚悟がまず大事であり、教育実習生の初日にもこのことは求められる。

　次に、それでも「ベテランのプロフェッション」に比すれば、まだまだ未熟であることをやはり自覚しなければならない。しかしその場合の自覚は、あくまで「プロフェッションとしての自覚」であるべきだ。「素人であることのエクスキューズ（言い訳）」を吐きたくなる心情はわかる。しかし、そのために著しい支障が生じることは、プロとして許されない。

　さらにそうした自覚をもって、知識と技能の研鑽に努め続けなければな

らない。その場合、「子供とともに成長しよう」という心算は、「だからまだまだ成長の伸びしろ（未熟さ）のある私でごめんね」という気持ちとともに、そっと胸にしまっておくのが良い。様々なことを教えてくれる子供達には、常に感謝しなければならない。それは未熟な自分を高めてくれていることへの「感謝」であると同時に、高められる余地を多分に残したまま教育に携わっていることの「お詫び」でもあるべきだ。他の職種のプロフェッショナルが例外なくそのような厳しさをもって自分を見つめていることを、常に意識してほしい。

　そうした「詫び」、すなわち「自分はまだまだだ」という申し訳ない思いが、「教師として必要な知識と技能」の研鑽に連なるのである。そうした「申し訳ない思い」は、本人にとってはネガティブで自己否定的なものであるべきだが、他者から見れば「プロの覚悟」（厳しさ）そのものである。誠に謙虚で、美しく、ポジティブで、清い。実習生であれ正規教員であれ、教師は常に「私はプロです。しかしまだまだ上を目指して研鑽に努めます」と言うべきなのだ。

---

「教員として最小限必要な知識能力」とは、平成9年の教養審第一次答申において示されているように、「養成段階で修得すべき最小限必要な資質能力」を意味するものである。より具体的に言えば、「教職課程の個々の科目の履修により修得した専門的な知識・技能を基に、教員としての使命感や責任感、教育的愛情等を持って、学級や教科を担任しつつ、教科指導、生徒指導等の職務を<u>著しい支障が生じることなく実践できる資質能力</u>」をいう。

　（出典：中央教育審議会「今後の教員養成・免許制度の在り方について（答申）」「5．教員養成・免許制度の改革の方向」注1、平成18年7月11日、下線は筆者。）

(3) 教師としての自覚のもと、積極的に教育活動を展開し、教育者としての使命を体得すること

「実習生であっても『教師』です。その自覚を忘れないで下さい。子供達は皆さんを『教師』としてみています……」。

おそらくどのような実習現場でも、最初に言われる言葉だろう。実習生は誰もがその言葉を聞いて、改めて身を引き締める。

その「引き締め」が充分である場合、当初は誰もが緊張してぎこちなくなるだろうが、その緊張も長くは続かない。教育実習は初日から誠に多忙である。気休めにも脅かしにもなる言葉だが、多くの実習経験者が口を揃えるのは次の言葉だろう。「緊張するのは最初だけ。その後は、緊張している暇などない」。

緊張が解れてくる３日目あたりから、「教師としての自覚」は「積極的な教育活動を展開すること（実践）」となって現れる。さしあたりそれは、例えば晴れた日であれば積極的に「子供達と外で遊ぶ」という風景となって現れる。自分から近づいてきてくれる子供達とひとまずの関係を結べたら、次は近づいてきてくれない子供達のもとに歩み寄ってゆくことも積極的な行為である。積極的に声をかけることはもちろん、今はそっと見守るべき子供がいることにも気付くだろうが、それも積極的な判断である。

「積極的に教育活動を展開する」とは、「見た目」のみの積極さを言っているのでは当然ない。元気で賑やかな子供が常に積極的とは限らず、大人しくもの静かな子供が常に消極的とは限らないのと同じである。目に見える行動がアクティブ（積極的・能動的）であることは時に重要だが、それ以上に重要なのは「心の動きがアクティブ」なことであり、このことは教師にも子供達にも当てはまる。もちろん「四六時中アクティブ＝頑張りすぎ」であることは宜しくないから適宜ほどほどであるのが良い。

ただし、「ここぞという時に行動も心性もアクティブになれる」ということは、子供にとっては「発達課題」であるが、教師にとっては「使命」である。教師には、少なくとも子供と直接関わっている時間、上述の意味で常にアクティブであることが「使命」として求められる。まずは授業を

しっかりとこなし、教えるべきことを教え、教えずして気付かせるべきことは考えさせ、休憩時間も子供達に積極的に声をかけてゆかねばならない。その反応を見ながら一人ひとりの状態を見極め、さらに声かけが必要な子供には声をかけ、その必要がない子供をじっと見守り、叱らねばならない子供は叱り、褒めるべき子供は褒め、今は褒めないことでさらに伸びる子供があれば褒めず、総じて全ての子供に対して「適切な関わり」をなす。これをなそうとすることが教師の「積極性」であり「使命」である。教育実習では、誰しも「適切に関わる力を万全に体得する」ことに課題を残すだろう。しかし、「適切な関わりをもとうとする積極性を体得する」ことに課題を残してはならない。

## (4) 自己のよさと不備を知り、自己の研究課題の発見とその解決に向かって努力すること

　第4の目的は、(2)で述べた「研修・研鑽」に通ずる。ここでは特に「自己の研究課題の発見とその解決」について詳しく述べておこう。

　教師あるいは人としての知識・技能について研修・研鑽に努めようとするとき、その方向性は大別すれば2つある。ひとつは「拡大」の方向性、もうひとつは「深化」の方向性である。いずれも重要であると言って良い。

　まずは拡大。自らの知識・技能を「大きく拡げよう」とする組織的研修や自己研鑽である。実践的指導力が及ぶ範囲を拡げる営みと言って良い。しかもそこには、ゴールがない。

　このことは書店のフロアに立ってみればわかる。膨大な書物、そのすべてに目を通すことはもちろん不可能だが、仮にそのすべてに目を通せたとしても、とうていゴールとは言えない。しかし、無理難題の当為（べき論）をあえて書けば、「教師はそのすべてに目をとおすべき」である。そして現実的には、これをなすには余りにも人間の一生は短い。当然の帰結として、教師だと言うならかろうじて、「できる限りたくさん読もう」となるはずだ。

しかし真の教師であれば、そのとき同時にこうも思うだろう。「人類には、なんと多くの、学びきれぬほど多くの知見が蓄積されていることか！　なんとワクワクすることだろう！」と。教師が子供に伝え育むべきことの筆頭は、まさにこの感覚である。教師は、人類の遺産を損得感情抜きに、つまり役に立つか否かに関わらず学ぶことのできる「ワクワクする人」（教養人）でなければならない。教師の姿が子供の目にそのように映ることは、実践的指導の根幹をなす。多くの場合、「実践＝方法」であるが、教育の根幹に位置すべき観念は、「実践＝教師自身のあり方」だという認識である。教師がただそこに立っているだけで、「実践」はなされる。教育実習の段階から履修者が常に意識すべきことと言える。

次に、深化。再び書店を例にしよう。教師はまず、「教育関係書」の棚に足を運ぶ人でなければならないだろう。その際、少なくとも大学時代を終える頃には、そこに並ぶ本のタイトルをみればだいたいどのような内容を扱っているかがわかるほどに「教育の専門家」でなければならない。教育の専門家であるならば、そこに羅列されているタイトルの９割は、少なくとも初めて見るタイトルではないはずだ。

あなたの目に『教育基本法』『学習指導要領』『近代的子供観』という文言が飛び込む。うん、これは大学で学んだ。しかしもう一度、学び直してみるか……。例えばそのようにあなたが思ったなら、それが「専門性の深化」に進む第一の入り口である。

『道徳教育の現在』『新しい指導技術』『カウンセリング・マインドの新たな展開』……ん？　「新しい……」？　これは読んでみなければ……。これも「専門性の深化」を狙う行為といえる。

『デューイ』『ヘルバルト』『シュタイナー』『○○メソッド』……ん？？　○○メソッドって何だ？　週末にちょっと読んでみるか……。これは先の「拡大」ということになる。その後、「○○メソッド！　なるほど！　これはもっと学ばねば！」となれば、そこからは「深化」のプロセスである。「実践してみよう！（Plan）」→「実践した！（Do）」→「概ね予想通りの成果を得られた！（Check）」→「しかし課題が残った。さら

に専門書を読み、子供観・教材観・指導観を精査し、次回の計画を調整しよう！（Act）」となれば、その深化はさらに次の段階へと進んでゆく。

　『こどもの心理』という本に目がとまって惹きよせられた。その理由についてもはっきりとした自覚がある。ある教え子との関係に最近、様々な課題があるからだ……。この節のタイトル（本学教育実習の目的）にある「自己の研究課題の発見とその解決」という意味では、当該の教師がその現状において極めて逼迫している「喫緊の課題」、そのプライオリティ（優先順位）は当然高いだろうから、こうした本の選び方が現実的には最も起こりうる。喫緊の課題に直結する研修・研鑽が、常に最優先事項として重要であることは言うまでもなく、そのような本の選び方は当然、尊い。

　しかし、いつもそうとは限らない。「教育関係書」のコーナーの対面に、「宗教・思想」のコーナーがあり、ふとそちらに目をやると8割くらいのタイトルが自分にとって意味不明なものだった。しかしその日は「教育書」を読む気分ではなく、妙にそちらのタイトルの数々に惹かれた。意味は全くわからないが何故か気になる『グノーシス』という本と、学生時代に学んだがほとんどわかっていない『プラトンとイデア論』という本を買ってみた……。これは「拡大」の方向性である。この2冊の本が、「明日の実践」に役立つことはほとんどない。そして間接的には、必ずや広く、大きく効いてくる。あなたがそうしたことにまず興味を抱き得たことが尊い。そしてその尊さはあなたの「器」を着実に広げるだろう。それはおそらく、子供にもわかる。

　以上のことは、教師や教職を目指す学生の日常に、頻繁に起こって良いし起こるべきである。もちろん、本を読むことだけが研修・研鑽ではない。上述の「本」は、「講演会」や「グループワーキング」や「校内研修会」に置き換えても良い。

　そして「拡大」にせよ「深化」にせよ、自身の専門領域であれ専門外の領域であれ、時代とともに知識も技能もますますその境界は広く、深く、自分から遠ざかってゆく。「宇宙の果て」と同じように。だからとてもじゃないがついて行けないし、追い求めればキリがない。しかしこのこと

は本来、落胆して溜息をつく事態ではない。驚愕して「ワクワク」すべき事態なのだ。教師は、遠ざかってゆく境界点を追いかけてゆく喜びを、常に体現する小宇宙（コスモス）であってほしい。境界点との距離がより大きな実習生ともなれば、それは尚更である。

(5) 大学において修得した教育の理論や原理を、教育活動に適用し、主体的に経験を再構成する能力を養うこと

　「大学において修得した教育の理論や原理」はPlan（計画）に相当し、「教育活動に適用」することはDo（実施）、そして「主体的に経験を再構成する」ことはCheck（評価）とAct（改善）に相当する。ここで言う「能力を養うこと」とは、PDCAサイクルの運用能力そのものと言って良い。ここでは、さらに実習現場におけるPDCAサイクルについて詳述しておこう。

　Planについては本学の場合、冒頭に述べた「実習履修簿」において、次のような項目を設けている。

　まず、事前指導において確認してゆく事柄のすべてがほぼ「実習事前計画」に相当する。

　次に、これも事前指導中の確認となるが、実習志望理由である。概ねその内容は、「教員志望理由」とほぼ同義であり、なぜ教員となることを目指すかの明確な自己理解が必要である。

　さらに、実習校の沿革、学校経営目標、重点項目、といった実習校に関する事前調査・理解が必要となる。実習校への事前訪問の段階でなければ確認できないことも多々あるが、そのためにもホームページやその他の資料等で事前に調査・確認できることは徹底的に確認しておくことが求められる。

　以上は「実習前」におけるPlanの段階である。実施計画というよりも、実施計画に先立つ基礎固めというほうが適切であるが、これも含めてPlanと捉えておくのが良い。

　実習が始まると、いよいよその事前準備を下敷きとして、本格的なPlan

の作成が開始される。概ねイメージしやすいのは各担当授業の「指導案」ということになるが、作成すべきPlanはそれだけではない。児童との関わりや、個別児童との接し方の方針など、担当教諭との綿密な打ち合わせを通じて迅速に計画・方針を策定し、随時見直してゆく必要が生じる。特に対児童という観点から言えば、PDCAサイクルはほぼ毎日のように展開してゆかねばならない。

　通常、2週目からはいよいよ実習生自身が、一部の授業を担うこととなる。そのための「指導案」には一般的に「略案」と「正案」がある。本学が設定する小学校実習の場合、出身校方式（いわゆる母校方式）ではなく、本学が日立市教委および各小学校との連携で展開する実習協力校方式をとっており、指導案の形式についても年2回の連絡協議会において逐次確認を行っている。通常、「略案」（当該授業時の進行計画表のみのもの）に基づく授業を概ね1人あたり5回以上、そして「正案」（単元全体計画、本時の位置、児童観・教材観・指導観を付するもの）に基づく実習終盤の「研究授業」を1人あたり1回以上としている。

　以上の授業計画を含み、すべての計画策定において重要なのは、Check（評価）の手法と基準をPlanに織り込んでおくことである。意外なことだが、このことは一般企業においても教育行政においても、「PDCAサイクル」という言葉が広く導入されている割には徹底されていない印象を受ける。一般的に教育実習でも、このことは言える。

　一例をあげておこう。例えばある村の教育委員会が、当該年度実施事業として「図書館利用促進事業」を企画したとしよう。その場合、やはり当初からPDCAサイクルが綿密に企図されることとなるが、例えばPlanの段階でその目標が「年間利用者数1万人、利用者満足度90％以上」に設定されたとする。この場合、重要なことは、この目標を達成したか否かを年度末にCheck（評価）する際、例えば次の評価基準に基づいて評価するのだということをPlanの段階から設定（宣言）しておくことである。

## 第4章　大学教育の一環としての教育実習―事例報告そのⅡ―

> S　当初計画の目標(可能なら目標値、以下同じ)を上回る成果が得られた
> A　当初計画の目標をすべて達成した
> B　当初計画の目標のうち達成できなかったものがある
> 　（原因究明と次年度計画での対応を要する）
> C　当初計画の目標の大半が達成できなかった（同上）
> D　当初計画の目標をほぼ達成できず、今後も達成できる見込みがない
> 　（→事業廃止）
>
> 　　　　　　　（出典：「平成25年度東海村教育行政計画」の運用例）

　以上は実際の教育行政評価に適用されている例であるが、学校経営や学級経営においても基本的には同じことが言える。つまり評価をする段階で、評価をする者の恣意や感覚によって評価結果が変動するような計画は望ましくない、ということである。逆に言えば、誰が評価してもだいたい同じような結果となる評価手法がPDCAサイクルでは求められる。

　こうした学校経営や学級経営のあり方に対しては、次のような反論もあろう。その筆頭は、「数値目標」そのものへの嫌悪感から来る反論であろう。若い実習生には特に、そうした嫌悪感があるかも知れない。

　しかし、学校教育は多かれ少なかれ、「納税者に対して自らの実績を数値によって説明する責任」を負っている。この責任を「アカウンタビリティ」と言う。情報公開の時代であればこそ、この責任からは何人たりとも逃れることはゆるされない。そのとき大事なことは、「数値だけで判断しない」ことであり、にも関わらず「数値にできることは数値にしてゆくことから逃げない」ことである。

　例えば先の図書館事業の例の場合、来館者目標1万人を達成できたとして、評価は誰が行ってもAとなる。1万2千人を越えればSとする基準を前もって計画に織り込んでおいても良いであろう。

　しかし、だからと言って当該の図書館が、その総体としてAやSに価する施設かどうかは依然として判定できない。算数の成績が3段階評価で1

となる児童について、その児童の存在価値を1とみなす教師は皆無であろう。当該児童が全教科でオール1であったとしても、やはりその児童の存在価値は1ではない。そのようなやり方で（つまり数値で）人間そのものを評価することは絶対にあってはならない。

　しかしそれでも、そうした前提がしっかりと認識されることを条件に、教科成績そのものは数値化しうるのだ。その場合、それが「人間の価値」を表すのではなく「その教科における学力の現状」を表すという認識が重要であることはもちろん、当該教科における「量的評価」だけでなく「質的評価」（定量的評価だけでなく定性的評価も含めた総合的な評価値）が同時に重要となる。先の図書館の例で言えば、「利用者満足度90％以上」という目標がそれにあたる。

　また、この図書館がいずれの目標も達成したとして、Act（改善）の段階における「外部評価」ではまた別の視点が必要となる。そこでは、「確かに1万人を達成しているから自己評価はAで良い。しかしそもそも目標設定が甘いのではないか」といった指摘や、「利用者満足度90％以上を達成しているが、アンケート項目には難点があり、真に利用者の満足度を測れているとはみなせない」といった厳しい指摘が実際になされる。こうしたことをふまえて、次のPlanが練り直されてゆくのである。

　学校の内部において、例えばある学級で「算数のテストの年間平均点60点以上」といった目標を設定したり、「逆上がりができる児童の割合95％以上」といった目標を設定したりすることは、常に重要である。と同時に、その目標値が現状に照らして適切なのか、また達成したとしても残された課題はないのか、といった自問自答が、やはり常に重要である。例えば平均点が60点であったとして、得点下位層の児童を放っておいて良いということには絶対にならない。この場合には、「50点未満の児童を生み出さない」という目標もあわせて設定されるべきだろう。

　そして言うまでもなく、大事なのは試験成績だけではない。教育の本質に即して言えば、より重要なのは「あなたは算数が好きですか」と問われて挙がる手の数である。そうしたことまで「数値だから」と毛嫌いするの

は本末転倒であろう。「不登校件数」や「いじめ認知件数」についても同様である。特に「いじめ認知件数」は、数値を良くするために認知しない（無視する）といった不作為（不正）を、計画段階から確実に抑止し、実態をきちんと把握することが重要である。

　つまり、第一に「何を表す数値であるかによって、数字の意味や価値は変わる」との前提に立つことが重要である。第二に「可能な限り、教育の本質的な成果や改善に資する数値を設定して正確に測る」ことが重要である。第三に「大切なものは目に見えない（数値のみで現象をとらえない）」との認識に立つことが最も重要である。であればこそ第四として、「数値に出来ることは丁寧に、かつ慎重に数値を出して公にし、改善に生かす」ことが重要なのである。教育実習生が「指導案」を作成する段階で、これからの教育を担う者として身につけてほしい「新たな社会感覚」である。（実際、現在の指導案では事前調査（学習実態）を数値で表記することが必須となりつつある）

## (6)　新しい将来の教育問題に深い関心を持ち、先を見て教育活動を展開しようとする態度を養うこと

　幼稚園から大学に至る学校教育の総体をもって、「生きる力」を育むことが目指されている。「生きる力」とは知・徳・体を総合的に駆使できる力であり、その場合の「知」については特に昨今、発想の転換がなされている。

　我々が学校教育において伝えている知は、高度情報化社会という文脈にあっては、簡単に陳腐化する。したがって、知識そのものはいくら教えても、その多くについてはいずれ役に立たないときが来る。読み・書き・算の「基礎学力」の有効性については、幾分かその息も長い。しかし現代社会に関わる知識やテクノロジー、また歴史解釈も、現在学校で扱われているものの「旬」（有効性）は、我々の想像よりも今後はるかに短命になってゆくだろう。

　したがって「生きる力」論における知（学力）の育成は、「学んだ力」

以上に、「自ら学んでゆける力」を主軸としている。現在の学校教育の努力の大半は、これをどのように成すかのPDCAに注がれている。

　そしてこのことは、幼児・児童・生徒の発達課題としてのみならず、若い教員志望者の発達課題にもそのままあてはまる。すなわち、この節のタイトルの通り、「新しい将来の教育問題に深い関心を持ち、先を見て教育活動を展開しようとする態度」である。言い換えれば本学における教育実習の最終目的は、「未知・未見の将来に対応する力」の修得であり、「生きる力」論における「知」を修得することそのものと言える。

　必然的な展開として、教職課程のなかに「実践的な学び」（実践的指導力に直結する学び）がより多くの位置を占めることとなる。この方向性は望ましい。その筆頭たる「教育実習」も今後ますます重要性を増すだろう。新たに始まった後述の「教職実践演習」しかり、大学教育全体に波及させるべく検討されている「アクティブ・ラーニング」の流れもとどまることはないだろう。

　ただし、気をつけねばならないこともある。例えば「先生の指導や説明」（大学で言えば「講義」）と、「子供主体の活動と支援」（大学で言えば「演習・実習」）は、いずれも大事であるという前提を見失わないことである。

　例えば「アクティブ・ラーニング論」を唱導する文脈では常に、「一方通行的な座学の講義」がその反意語として、大変けしからんものの筆頭としてやり玉に挙げられつつある。アクティブ（能動的）であることが良く、パッシブ（受動的）であることは良くない、というのである。

> 　生涯にわたって学び続ける力、主体的に考える力を持った人材は、学生からみて<u>受動的な教育の場では育成することができない</u>。従来のような<u>知識の伝達・注入を中心とした授業</u>から、教員と学生が意思疎通を図りつつ、一緒になって切磋琢磨し、相互に刺激を与えながら知的に成長する場を創り、学生が主体的に問題を発見し解を見いだしていく<u>能動的学修（アクティブ・ラーニング）への転換が必要</u>である。すなわち個々の学生の認

## 第４章　大学教育の一環としての教育実習―事例報告そのⅡ―

> 知的、倫理的、社会的能力を引き出し、それを鍛える<u>ディスカッションやディベートといった双方向の講義、演習、実験、実習や実技等を中心とした授業への転換</u>によって、学生の主体的な学修を促す質の高い学士課程教育を進めることが求められる。学生は主体的な学修の体験を重ねてこそ、生涯学び続ける力を修得できるのである。
> 　　（出典：中央教育審議会「新たな未来を築くための大学教育の質的転換に
> 　　　向けて～生涯学び続け、主体的に考える力を育成する大学へ（答申）」
> 　　　　　　　　　　　2012（H24）年8月28日、9頁、下線は筆者。）

　確かに、「一方向的」であることに加えて「理解不能」であったり「冗長」であったり「自己満足的」であったりする講義は批判されて然るべきだ。またそうした要素が小・中学校にも大学にも残存しているのだとすれば、きっちりと改善されるべきであろう。前掲の答申も、このことを意図するものとして解するべきである。

　しかし、世界じゅうで繰り広げられている「一方向型の語り」や、それを「受動」することが、それだけでけしからんということまで含意しているのであれば、それは暴論である。長時間一方的にしゃべり続けながら学生や聴衆を惹きつけてやまない名物授業、名講演、名演説、スーパー・プレゼンテーション……。多くの人はその例のひとつやふたつを、すぐに挙げられるはずだからである。

　本学のことで言えば、ただ心静かに耳を傾けるだけで様々なものを得ることのできる「礼拝」が、すべてではないとしても多くある。これはアクティブなのか、パッシブなのか、浅薄な定義を当てはめるなら判定できない。言葉のキャッチボールが延々と繰り広げられる演習が、果たしてアクティブなのかについても常に立ち止まりつつ考えるべきだろう。

　おそらく「礼拝」は、受け取る者の心がアクティブに反応すればアクティブ・ラーニングであるとも言えるし、それでも現象としてはパッシブ・ラーニングなのだ。多くの言説には、この両者を峻別する配慮が見られない。したがって、「タブレットの画面をスワイプすればアクティブ」

「マウスをクリックすればアクティブ」といった極論まで現れている始末である。つまりアクティブ・ラーニングは「現象」ではなく「心象」のあり方に関わる概念であるべきだが、多くの言説はこの意味で言葉足らずであるばかりか、現象面のパッシブさをとりあげて糾弾さえしている。

　また教育実習において、「新しい将来の教育問題に深い関心を持ち、先を見て教育活動を展開しようとする態度」を養おうとするとき、目まぐるしく移り変わってゆくだろう「流行」に着実に対応してゆくしなやかさを身につけることは確かに重要である。しかしそこでは、時代が変わっても本質的に変わることのない「不易」を守り抜こうとする堅実さや頑固さが、同時に必要なのではないだろうか。「新しい将来の教育問題」の相当数は、先人が温めてきたものをさらに温め続けることによって、有効に解決できるかも知れないのだ。予測不可能な事態に至った際、教師のうちから生じる力は、若き日のアクティブ・ラーニングで得た力かもしれないが、「あの大学教員があのとき一方的に語った、古臭くも痛烈な故事によって感化された力」ということも十分ありうるのだ。

　教育実習に限らないが（教育実習においては特に）、「一方向か双方向か」「アクティブかパッシブか」「座学か実践的体験か」といった二者択一型の選択が求められつつある昨今であればこそ、実習生には、その問い方が果たして正しいのか否かという教養人としての懐疑を抱き続けてほしい。その上で、「パッシブ（受動）からアクティブ（能動）への転換」と言った浅薄な表現ではなく、「パッシブに見える事柄の心性におけるアクティブさ」とか、「実践的体験と結びつく座学のあり方」とか、「礼拝における受動の意味」といった、複層的でしなやかで強靭な思考力（教養）をぜひとも身につけてほしいと願う。

（池内耕作）

## 2　特別な支援を必要とする児童の看取りと対応

　小中学校の通常の学級には、いろいろな個性の子どもたちがいる。その

中に目立って落ち着きのない子どもや乱暴な子ども、こだわりのある子どもなど"気になる行動"をする子どもたち（文部科学省調査：該当児6.5％）がいる。また特別支援学級から「交流及び共同学習」で知的障害や自閉症状のある子どもたちが週に何時間か通常の学級で一緒に勉強している。この子どもたちの多くは、特別支援教育の対象になる子どもたちである。この子どもたちとかかわる時、どのような視点でかかわったよいのだろうか。

(1) 「一番困っているのは"誰？"」
　子どもの気になる行動に対する教師の見方によって支援方法が大きく異なってくる。まずその見方を確認することが大切である。
　気になる行動をする子どもたちの中には、友だちにすぐちょっかいを出したり、授業中に離席するなど授業の進行を妨げ、先生や友だちを困らせたりする子どもがいる。それは一見自分勝手でわがままな行動に見え、迷惑行為として悪い行動と評価されてきた。しかし、ある教師が「教師も友達もみんな困っているけど、一番困っているのは誰だろう」と問題提起した。この視点から子どもの行動を点検してみると、これらの気になる行動はわざとにやっているのではなく、本人が何かが解決できなくて"戸惑っている姿"であることが分かってきた。
　教師や友達も困っているが、一番困っているのは"本人"であり、気になる行動は本人が"助けを求めている姿"であると位置づけるようになった。"本人"の困っていることがわかれば対策が見えてくる。

(2) "一次障害"と"二次障害"による気になる行動
　次に様々な気になる行動を二つに分けて考えると理解しやすく、支援方法も見えてくる。
　子どもの気になる行動は「一次障害」と「二次障害」の総体として表面に現れている。「一次障害」は障害そのものから生じる直接的なハンディーとつまずきであり、「二次障害」は一次障害によるハンディーのためにそ

の後の人間関係づくりの混乱と失敗、不安等によって生じた新たに作られた不適応行動とつまずきである。子どもの気になる行動がこの二つのタイプのどちらの影響が強いかで対応の仕方も違ってくる。

この見分け方として、一次障害では、気になる行動が場面や状況にあまり左右されずにいつも生じているが、二次障害は、場所や場面、時期によって行動出現の有無、出現の強弱等の差が大きく見られ行動である。

気になる行動の指導は、この一次障害と二次障害への配慮を平行して同時に行う必要がある。

(3) 一次障害に対する支援

① 「情報処理の特異性」に注目

一次障害への支援のポイントは、学校場面においては、特にその子の「情報処理の特異性」に注目すると支援の手がかりが見えてくる。

気になる行動をする子どもたちの中には認知や情報処理の仕方に極端な偏りのある子どももいる。感覚過敏や対人認知の困難性などがあるが、特に学校場面では音声言語の理解の困難性は大きな問題になってくる。

② 「話せばどの子にも伝わる」は教師の思い込み？

学校においては、音声言語による指導が多い。教師も「話せばどの子にも伝わる」と当たり前に考えてきた。ところが発達障害児等の一部に情報処理の特異性から聴覚に問題はないのに音声言語による理解が困難な子どもがいる。ある発達障害児は「先生の言葉がわからない」「先生に注意を受けてもすぐ忘れてしまう」と訴えている。もしかしたら私たち教師の言葉が正しく伝わっていないのかもしれない。どうも「話せばどの子にも伝わる」は教師や大人の思い込みだったようである。子どもに指示が通らないと感じたとき、子どもの責任にする前に子どもの情報処理に合わない話し方を一方的にしてきたのではと反省することも大切である。

発達障害と情報処理の特異性については、音声言語関係では以下のよう

な配慮の必要性が分かってきている。

　事例①　耳からの情報処理が苦手なので視覚的補助教材も添えて伝える
　事例②　「あれ」「それ」「そこ」などの指示代名詞や「もう少し」「きちんと」など曖昧な表現の理解が困難なので、子どもが具体的イメージを描きやすい言葉で伝える。
　事例③　複数のことを同時に言われると、どれを優先して良いか分からず、理解できなくなるので、一度に多くの指示をださない。
　事例④　言葉を直訳的にしか理解できない傾向があるので、比喩や冗談は理解できず、混乱してしまう。直接的で具体的な言葉かけがよく伝わる。

　以上は情報処理の特異性に対する配慮の一部です。他に視力に問題はないのに文字が判別できないという子ども（学習障害児）もいる。このように一次障害の困難性に対しては本人の努力のみで解決できる問題ではないので、子どもの困難さを教師側で「補う」視点での言葉かけや教材の工夫が必要になってくる。情報処理の特異性に寄りそった授業づくりとして「ユニバーサルデザインの授業づくり」等の実践研究がある。

| コラム1 | 発達障害者本人からの訴え：「私は映像的に考える」 |
|---|---|

　私たちが考える時は一般的に言葉で考える。しかし発達障害者のテンプル・Gさんは著書の中で「私は言葉では考えず、話し言葉や文字をカラー映画に翻訳してビデオを見るように頭の中で内容を追っていきます。私は絵で思考しています」と書いている。別な発達障害者は「私は耳だけで注意されたことはその場ですぐ忘れてしまっていたものだ。絵やパソコンなどを利用して視覚的に示すようにすると理解しやすい」と述べている。
　このように映像的に考えている人がいることは想像もつかなかった。かなり異なった認知の仕方、情報処理の仕方をしている。それを私たちの一般的常識に当てはめた音声言語優先の支援は当然上手くいくはずがない。子どもを叱るとき「何度言ったら分かるの！　さっき言ったばかりでしょう！」という言葉をよく使うが、これは子どもに教師の意図が正しく伝

> わっていなかったのかもしれない。この情報処理の特異性を配慮した支援の一つに、簡単な絵や図式を介して話し合う「イラストトーク」という手法が効果的であるという実践も報告されている。

## (4) 二次障害に対する支援

### ① 人間関係の改善と再構築

　二次障害への支援のポイントは、人間関係の改善と再構築である。気になる行動をする子どもたちは幼少期の頃からすでに対人関係でのずれと混乱を体験している。そしてその積み上げを通してすでに大なり小なりなんらかの二次障害が形成されていると考えられる。この二次障害は人間関係の混乱の中で形成されてきたものなので、人間関係や環境の改善でかなりの行動変容が期待できる。二次障害が改善すると教師の指示が通りやすくなり、気になる行動も目立たなくなり、学習の構えができてくる。

　この人間関係の再構築に当たって下記の表のように3段階の見通しをもって支援すると子どもの中に変化が現れてくる。

| Ⅰ | 受　容　期 | 緊張発散の時期：「安心・安全」な関係の再構築 |
| --- | --- | --- |
| Ⅱ | 葛　藤　期 | 自我を揺さぶる時期：「考える力」の育成 |
| Ⅲ | 創造・発展期 | 自立的な行動の時期：主体的な自己選択、自己決定、自己参加 |

### ② Ⅰ「受容期」の支援：「安心・安全」な関係の再構築
ア　気になる行動と子どもの"自尊感情"の低下

　気になる行動をする子どもたちは共通して"自尊感情"が低いと言われている。"自尊感情"とは、「自分は価値ある存在である」という感覚である。幼稚園や小学校時代から失敗と叱られ体験等が積み上がって、自分に

対して自信が持てず、自己評価を低くし、"自尊感情"を低下させている。気になる行動は、子どもがこの"自尊感情"のこれ以上の低下を必死に防ごうとしているあえぎの姿（防衛反応）ともいえる。二次障害の改善にはまずこの悪循環を断つ必要がある。

　自尊感情は、①自己肯定感と②自己有能感、そして③自己有用感の3つを育てることで高まってくる。

イ　「自己肯定感」の育成

　自己肯定感とは「自分が大好き」という感覚である。この感覚の前提条件は「私は愛されている」という感覚をもつことである。

　この感覚の育成は、まず教師や親が「あなたが大好き」「あなたに関心を持っている」という肯定的メッセージをたくさん送り続けることでる。しかしある発達障害者が「私は他人の気持ちにひどく鈍感だったりする特徴もあるので、先生の愛情や熱意を感じにくい。だから是非積極的に伝えてほしい」と言っている。「あなたに関心がある」メッセージを強く伝える第一段階は「共感的理解」によるかかわりである。

ウ　「共感的理解」の工夫

　まず何かを指導する前に子どもの気持ちを「共感的」に理解することが大切である。「共感的理解」とは①まず子どもの行動に良い悪いの評価をくださず、②子ども自身の今の一番の関心事に関心を向けて、③そのときの感情を言語化してあげるかかわりである。たとえば暴れている子どもに対して①すぐ悪い行動と評価せず、②子どもの今の一番の関心事「悔しい」という気持ちに関心を向け、③「悔しい」という気持ちを察してその気持を「〇〇君は、今すごく悔しいんだね」と言語化する。その共感的関わりを通して「先生は僕の気持ちをわかってくれた」という喜びを体験し、それが安心、信頼関係の構築に役立つ。

エ　「自己有能感」と「自己有用感」の育成

　「自己有能感」とは、「できた！」という感覚であり、その積み上げが「やればできる」という自信（自己効力感）につながる感覚である。

　「自己有用感」というのは、「ぼくも人の役に立てる存在なんだ」「ぼく

も感謝される存在なんだ」という感覚である。

これらを育てる支援の手がかりとして「特別支援教育」的励まし方が有効である。

オ　「特別支援教育」的励まし方の効果

子どもの励まし方には、「小中学校」的評価の文化と「特別支援教育」的評価の文化がありそうである。

小中学校での一般的な励まし方は、子どもが活動した「結果」に対する「できた―できない」という評価や他者との比較を中心とした評価が中心である。一方で気になる行動をする子どもは、できないことや失敗も多く、その評価の文化につぶされて自尊感情を低下させている子どもたちである。その子どもたちに「特別支援教育」的励まし方をすると、子どもたちは自尊感情を高め、意欲的に動き出すことをよく見かける。

「特別支援教育」的励まし方とは、以下のような関わり方である。

1）　「結果」よりも「過程」に焦点を当てた励まし方

　　活動の「できた―できない」という「結果」よりも、活動している「過程」を重視する。活動の「過程」での「頑張り」や「努力」、「小さな変化」を見ていきます。活動の最終結果ではなく、活動の過程をスモールステップに分けてそれぞれの小さな変化や成長を認めて一緒に喜び、共感する。

2）　小中学校的評価では「他者や平均値との比較」が多いが、「個人内の成長」を重視していく。A君という「個人内の昨日の成長よりも今日のわずかな成長」に注目する。特にこの個人内のプラスの変化を指摘すると子どもは意欲的になり、やる気をおこすことが多く見られる。

3）　「達成できていない」部分ではなく、すでに「達成できている」部分に注目する。一般的には「出来ないところ」を「できる」ように励ますことが多いが、自信を失っている子どもたちに「出来ないところ」を「出来る」ように頑張らせるには負担感が強すぎる。そこで現在「出来ている」ところに注目してそれをもっとレベルアップするという励まし方をする。その過程の中で頑張る力や「出来ないこと」に

　　　　　　　　　　　　　　　第４章　大学教育の一環としての教育実習─事例報告そのⅡ─

たいする「挑戦」「意欲」が高まる。その結果として今までできなかったことができてしまうこともよく見かける。
４）　「勝敗」や「能力」よりも「貢献」や「協力」に注目
　　これは「私は感謝される存在である」と自覚する「自己有用感」を育てるうえで有効な方法である。自己有用感は人間の共同体の中でしか育てることが出来ない。
　　小中学校では「他者と比べてどうか」、「平均値との差はどうか」という個人的能力評価が中心であるが、特別支援教育的励まし方では、個人の能力というよりは、協力や貢献を注目して励ます。「ありがとう」「あなたのおかげですごく助かった」という言葉かけがあふれる関係である。その中で「自分は必要とされている価値ある存在である」ということを実感させていく。
　　このようにして「特別支援教育」的励まし方を通して、子どもは自信を取り戻し、自尊感情を次第に高め、二次障害としての気になる行動も改善されていく。

③　Ⅱ「葛藤期」の支援：自我を揺さぶり、「自己決定」の力を育成する時期
　受容期の関わりを通して信頼関係を築いたら、いよいよ教師の願いや要求を子どもにぶつけて子どもをもう一段成長させる働きかけである。この葛藤期での支援の手がかりは、「自己決定」の機会の保障である。
　ある発達障害者が「自分を信頼して自分に決めさせてくれるとそれがいいプレッシャーになって、我慢してやってしまうことがある」と言っている。たしかに「自己決定」させてみると、今までパニックになっていた課題提示も「がまん」してやる行動が目立ってくる。いわゆる自我コントロールの力も育ってくることがよく見られる。
ア　「自己決定」と「考える力」の育成
　「自己決定」するためには、あれこれと考えをめぐらさなくてはならない。そのためには、前提として「考える力」が育っていなくてはならな

い。しかし気になる行動をする子どもたちの環境は、指示、命令的ことばかけがどうしても多くなる傾向にあり、それだけ自分で考える機会が少なくなっている。その結果、自分で考えない「指示待ち人間」が多く見られる。

イ 「考える」力と「切り返し」の言葉かけの効果

　教師の指示が多いと子どもは自ら考えなくても済む。そこで、もう一つの言葉かけのレパートリー「切り返し」のことばかけをして「考える力」を育てる。「切り返し」の言葉かけとは、子どもに聞かれたらすぐ答えを教えずに、「あなただったらどう思いますか」と切り返して考えさせる言葉かけである。そうすると子どもは自ら思考をめぐらさなくてはならず、考え始める。

ウ 「考える力」の育成と「選択的」言葉かけの効用

　しかし、この「切り返し」の言葉かけをすると、まだ「考える力」が育っていない子どもは、逆に負担感が高まり、パニック状態を引き起こしたり、安易に「わからない」と言って考えることを自ら放棄することがある。

　この原因は、どのように考えを巡らしたら良いのかその「考える」方略が子どもの中に育っていないための混乱である。このような子どもたちは、「選択的ことばかけ」から導入する方法が有効である。

　まず二者択一の選択的手がかりを与えた言葉かけから導く。そして、三択、四択というように広げて導入するとだんだん思考を巡らすようになる。しかしこの初期においては選択肢の選び方が大切である。選択肢は子どもの関心度の高いもので、自我にとって負担感の低い物から提示することがコツである。また初期においては、子どもの「拒否」行動も選択肢の一つとして認めることも大切である。

エ 「考える力」と「折り合い」の付け方の育成

　「自己決定」するためには、考えを巡らして教師や親の願いと自分の気持ちとの間で「折り合い」を付ける事が必要になってくる。この「折り合い」の付け方が「考える体験」の中で育ってくる。そして、このことが自

我コントロールの力を育てることにつながるのである。

④　Ⅲ「創造・発展期」の支援：主体的な自己決定と自己参加の時期
　Ⅰ、Ⅱのような配慮で受容期、葛藤期を通して子どもたちは自立していく。親や教師との「交渉」の仕方や「折り合い」の付け方を学ぶ。そして主体的に「自己決定」し、「自己参加」し始める。

(5)　学級の仲間づくりへの配慮
　新学級でのトラブルが頻繁な場合、本人も辛いが、周りの友だちも辛い状況にある。何らかの形でお互いに理解し合うことが必要である。そこで教師は、子どもの行動の意味を上手に周囲の生徒に伝える必要がある。このとき、かなり慎重な配慮が必要である。

①　"障害名"での説明は、慎重に！
　小学生段階では、「この子は自閉症という障害があるから我慢してね」と障害名のみで説明し、理解をさせる方法は一番よくないと言われている。この障害名のみの説明は本当の理解につながらず、逆に新たな偏見を植え付けて事態がかえって悪くなる危険があるからである。ただし中学生以上の段階では注意して障害名を使うことも可能であるが、かなりの慎重さが必要である。また説明する場合は、事前に本人や親の同意が必要である。

②　"苦手"なことという視点での理解を図る
　「誰にも苦手なものがある。それを克服するためにみんな練習して頑張っている。Ａ君はルールを守ることが苦手で、いまルールを守る練習をしている。だからみんなもＡ君が困っているときは助けてあげて下さい。」と具体的な"苦手"部分に視点を当てて説明するとわかってもらえたという実践もある。また中学生位になると本人から障害について説明させることも可能である。いずれにせよ生徒の発達レベルに合わせた、または人権

に配慮した説明が大切である。

〔文献〕
(1) ドナ・ウイリアムズ：『自閉症だったわたしへ』2000年7月　新潮社
(2) テンプル・グランディン：『我、自閉症に生まれて』1994年3月　学研
(3) 桂聖（研究会代表）：『授業のユニバーサルデザイン』2010年2月　東洋館出版

（石田隆雄）

## 3　理論を教育実践に活かすには？
　　～心理学的視点からのアプローチ～

### はじめに

　大学の授業では、さまざなな「理論」を学ぶ。理論とは、それぞれの学問の領域において、研究者たちが実験や実践、論理的思考を重ねて生み出してきた、普遍性の高い、共通した法則のことを指す。大学で教員をしていると時折、教育実習やボランティアなど、教育の現場に参加した学生から「実際に子どもと関わってみて、大学で学んだことが役にたたなかった」といった言葉が聞かれることがある。果たして、本当に「理論」は「役に立たない」のであろうか？　本節では、心理学領域の理論の中から、知能のPASS理論を取り上げて、理論がどのように学習支援につながっていくかについて考えてみることとする。

　本節では、特に学習のつまずきを示しやすい、学習障害など発達障害のある子どもたちの学習支援を想定して述べている。とりわけ、本邦では2014年1月、「障害者の権利に関する条約（障害者権利条約）」の批准書を国連に寄託した。この条約の批准によって、日本における学校教育は「インクルーシブ教育システム」の構築に向けて、より充実・発展していくことが求められることとなった。インクルーシブ教育システムとは、「人間の多様性の尊重等の強化、障害者が精神的及び身体的な能力等を可能な最大限度まで発達させ、自由な社会に効果的に参加することを可能とすると

の目的の下、障害のある者と障害のない者が共に学ぶ仕組み」であり、障害のある方が教育制度一般から排除されないことを指す。このインクルーシブ教育システムの推進により、通常学級に在籍する発達障害のある子どもに対しても、「合理的配慮」の考え方により、適切な支援や配慮を行うことが必須となる。本節で述べられている行動や学習の背景となる要素に注目することは、教育現場において適切な配慮や支援を行う上での一つのヒントとなりうるであろう。

## (1) 知能のPASS理論とは

　ヒトの精神機能は「知・情・意」の3つに分けられるといわれており、知能は主に「知」にあたる部分であるということができる。知能の定義については様々な考え方があるが、その一つであるウェクスラー式知能検査を考案したウェクスラーによる知能の定義では、「知能とは、目的的に行動し、合理的に思考し、能率的に環境を処理する、個人の総合的・全体的能力である」とされている（松原, 2006）。ここでいう「総合的能力」とは、知能とはある特定の能力を指すのではなく、質的に異なるあらゆる能力が含まれることを意味している。知能にはどのような能力（要素）が含まれるのかについても、スピアマンの2因子説やサーストンの7因子説など、これまで様々な説が提唱されてきてきた。また近年では、知能を個人の能力の総体として捉えるよりも、知能を構成する要素に注目し、それらを学習支援に活かしていくアプローチが行われてきている。本節で紹介するPASS理論も、知能を捉える新しい枠組みの一つである。

　PASS理論は、Luriaの神経心理学的、情報処理的、認知心理学的研究に基づくものである（Naglieri, 2010）。Luriaの理論は、ある活動を遂行するためには、その活動をもたらす基本的な認知処理過程があることを前提にしている。その認知処理過程の単位としてプランニング（Planning）、注意（Attention）、同時処理（Simultaneous）、継次処理（Successive）の4つの要素を規定したものがPASS理論である。以下、それぞれの要素について、前川・中山・岡崎（2009）を参考に概説する。

プランニングとは、個人が問題解決の方法を決定し、選択し、適用し、評価する心的過程（mental process）である。すなわち、われわれが何かしらの学習や行動において「どのようにやったらうまくできるか」ということを工夫することがプランニングと密接に関係する。また、プランニングには、他の3つの認知処理過程（注意、同時処理、継次処理）を問題解決のためにどのように活用したらよいかということを工夫し、調整することも含まれる。

　注意とは、個人が一定時間提示された競合する刺激に対する反応を抑制する一方で、特定の刺激に対して選択的に注意を向ける心的過程である。注意は主に、焦点的注意、選択的注意、持続的注意に分けることができる。焦点的注意とは、特定の活動に集中することを含む。選択的注意とは、無視すべき刺激には反応を抑制し、必要な刺激にのみ注意を向けることである。持続的注意とは、課題を解決するのにどの程度注意を維持できるかということを含む。われわれが何かしらの課題を解決するためには、これらの注意を一定時間維持することが必要となる。

　同時処理とは、個人が分割された刺激を単一のまとまりやグループにまとめる心的過程である。同時処理の主な要素として、空間的な側面を把握することがある。空間的な側面では、視覚的な刺激をグループとして捉えることや、視覚的要素同士の関連性を把握することなどが含まれる。また、このような空間的な側面以外にも、単語の相互関係や文法的関連性を理解する論理・文法的側面も同時処理に含まれる。

　継次処理とは、個人が特定の系列的順序で、鎖のような形態で刺激を統合する心的過程である。すなわち、刺激をAからB、BからCと「順番に処理する」ことが求められるのが継次処理である。主に音声に関する処理や、運動を順序立てて構成することなどが含まれる。

(2)　PASS理論を基にした学習支援

　学習を含め、ヒトが行う行動の背景には、それを遂行するための認知処理過程が関与している。そのため、学習につまずく子どもに適切な支援や

配慮を考える際には、その子どものどの認知処理が苦手か、そしてそれを補うことができる得意な認知処理があるかなどを評価することが必要となる。このような「認知処理の偏り」を評価するには、DN-CASなどの心理検査を用いるのが妥当な方法である。しかしながら、表1にあるように、子どもの日常生活や学習の様子から、その傾向を把握することも一定程度可能である。以下、PASS理論の各構成要素につまずきを持つと予想される子どもには、どのような配慮や支援が有効かについて述べていく。

表1　学習上の問題の現れ方と関連するPASS認知処理過程
（Naglieri & Pickering, 2010）

| | |
|---|---|
| プランニング | 単語を読んだり、書いたりする方略を考え出すことができない<br>文章の意味を誤って理解したときに修正することができない<br>単語のつづりに一貫性がなく、誤りを繰り返す<br>算数の問題を手当たり次第に解く<br>問題解決のために方略を使わない<br>算数や読みの方略を必要に応じて切り替えることができない |
| 注意 | さまざまな活動に対する注意の持続時間が短い<br>周囲の気になるものに耐えることができない<br>基本的な決まりを思い出すことに時間がかかる<br>新しい情報に注意を向けることができない<br>細かいことに注意を向けることができない<br>必要に応じて一つのことに注意を向けることができない |
| 同時処理 | よく目にする単語を覚えたり、字の形を手がかりとして使えない<br>単語や文章、段落の意味を解釈することができない<br>単語の中の音節がわからない<br>単語を書くときに文字のまとまりとして理解することができない<br>文章、特に算数の文章題を理解することができない<br>数学に関する概念や問題のパターン・種類の理解定着が不十分 |

| | |
|---|---|
| 継次処理 | 単語を文字に分解するのが苦手で、声に出して読むことができない<br>単語の順序をもとに内容を理解することができない<br>単語を正しく発音することができない<br>単語を書くときに、決まった文字の場所（音が区切れるところ）が覚えられない<br>計算をしたり、算数の問題を解いたりするときの手順がわからない<br>読むときに単語、文章、段落の順番に従って読み進められない |

### コラム1　合҄理的配慮と学びのユニバーサルデザイン

　インクルーシブ教育の推進にともない、学校では特別な教育的ニーズが必要な子どもたちに対して「合理的配慮」の提供が求められています。この「合理的配慮」とは、障害者権利条約の第二条によると、「障害者が他の者と平等にすべての人権及び基本的自由を享有し、又は行使することを確保するための必要かつ適当な変更及び調整であって、特定の場合において必要とされるものであり、かつ、均衡を失した又は過度の負担を課さないものをいう」とあります。つまり、その子どもに必要なあらゆる「配慮」が、学校の体制や財政面などにおいて無理のない範囲で「合理的」になされることを指します。この「合理的配慮」を実現するための一つの考え方として、「学びのユニバーサルデザイン」というものがあります。

　「学びのユニバーサルデザイン」とは、特別なニーズのある子どもも含めて、どの子どもにとってもわかりやすい授業や、過ごしやすい環境を提供することを指します。例えば、教室内の掲示物に注意が向いてしまい、授業に集中できない子どもがいる教室において、教室前方の掲示物を排除する、といった環境調整は「合理的配慮」であり、その環境調整が他の子どもにとっても授業に集中しやすい状況となっているならば、それは「学びのユニバーサルデザイン」ともいえます。このように、ある特定の教育的ニーズのある子どもにとって過ごしやすい環境や配慮は、他の子どもたちにとっても過ごしやすい環境の場合もあるのです。本節で紹介した様々な学習における配慮についても、学習につまずきのある子どもだけでなく、その他の子どもたちにとっても有益な配慮であれば、それは「合理的

配慮」や「学びのユニバーサルデザイン」へとつながる可能性があります。

① 子どもの「注意」に配慮したアプローチ

　学習は、その行われるべき活動に適切に注意を向けるとことから始まる。そのため、注意の調整や維持に困難を示す子どもは、学習に取り組む段階でつまずきを示すことが多い。そのため、学習に集中して取り組むことができるような環境調整は、子どもの注意のつまずきに配慮した支援であるということができる。例えば、焦点的注意につまずきがある子どもに対しては、その子どもの興味を引き付ける教材を選択することによって、学習に対する注意が向けられやすくなる。また、選択的注意につまずきがある子どもに対しては、黒板や先生の話に集中できるように、座席を前にしたり、黒板周辺にある掲示物を排除したりするなどの配慮が有効な場合がある。さらに、持続的注意につまずきのある子どもでは、課題を細分化することや、適宜休憩を設けるなど、注意が維持できる時間に集中して取り組むことができるような配慮が考慮されるべきである。

② 子どもの「同時処理」に配慮したアプローチ

　同時処理につまずきのある子どもは、算数の図形問題や、複雑な要素の漢字の書き取り、算数の文章題から適切な式を立てるなどの学習に困難を示すことがある。このような学習のつまずきには、それぞれの図形のパーツや単語等の関連性を適切に捉えることが難しいことが関連している。そのため、例えば立体図形から正しい展開図を選択するような問題では、実際に立体図形を作成し、どの辺や点が共通となるのかを操作することでイメージしやすくすることや、共通となる辺は同じ色で示すなどの手がかりとなるものを提示することが有効となる。また、漢字の書き取りについては、漢字を偏と旁に分け、それらをパズルのように組み合わせて漢字を完成させるなど、パーツに分けることを意識化させるような教材を提示する

と効果的な場合がある。さらに、文章題に関しては、重要な部分に下線を引く、問題を図式化するなどして、文章題で何が求められているのかを明確にするといったアプローチが想定される。

---

**コラム2　スキルを「獲得する」支援と「補う」支援**

　学校における学習支援というと、掛け算ができるようになる、漢字が書けるようになるなど、「できなかったことができるようになる」、すなわち「スキルを獲得する」ための支援のイメージが強いかと思います。確かに、将来自立した社会人となるためには、一定の学習スキルを獲得しておくことはとても重要であり、スキル獲得のための工夫が教員にも求められます。しかしながら、発達障害のある子どもの一部には、ある一定レベル以上のスキルを獲得することが困難である場合や、あるいは獲得できたとしてもそれを遂行するのに多くの時間や負荷がかかる場合があります。そのような困難を抱える子どもに対しては、必要以上に負荷のかかる状況にどのように対処すればよいのかといった、いわゆる「スキルを補う」ための支援を行うことも必要です。

　具体例としては、文章を読むことは可能であっても、読むことに多くの時間を費やしてしまう子どもの場合、テストの問題文を読むのに時間がかかります。そのため本来はその問題に答える知識を備えているのにも関わらず、時間切れで問題に答えることができず、不当に得点が低くなるといった事態が想定されます。そのような子どもに対しては、テストの時間を延長することや、先生が問題文を音読する、あるいは音声読み上げソフトを利用して問題文を音声で聞くことができるようにするなどの支援が考えられます。

　支援を行う上で大切なことは、全てのことを自力で行うことではなく、その活動でどのようなスキルを獲得させたいのか、目的を明確にすることです。その目的を達成するために補うべきスキルがある場合には、然るべき方法で補う支援も同時に必要となります。

　最近ではICT機器の進歩により、様々な手段で「スキルを補う」支援が可能になってきました。そのような機器も活用しつつ、スキルを「獲得する」ことと「補う」ことの2つの支援の方向性に着目してみてはどうでしょうか。

③ 子どもの「継次処理」に配慮したアプローチ

　継次処理につまずきのある子どもは、刺激の系列を知覚することや、動作を系列的に遂行することに困難を示す。そのため、主に文章を正確に音読したり、書き取りをしたりすることや、掛け算九九などの決まった順序で物事を暗記するなどの学習につまずく可能性がある。このような文章の音読や書き取りに困難を示す子どもには、チャンキング（まとまりを作る）方略が有効である（Naglieri & Pickering, 2010）。例えば文章の音読の際には、文章を単語あるいは文節ごとに丸で囲むなどしてまとまりを作ってから読むと効果的な場合がある。また、掛け算九九の暗記が苦手な子どもに関しては、聴覚的な記憶にのみ依存するのではなく、掛け算をマトリクスで表示し、どのような規則になっているのかを確認するなど、視覚的なてがかりを用いるなどの工夫が必要となる。

④ 子どもの「プランニング」に配慮したアプローチ

　プランニングにつまずきのある子どもは、問題や課題にどのように取り組んだら良いかわからず、混乱する場合が多い。そのため、テストに向けて漢字の読み方や書き方を覚えるやり方がわからなかったり、作文をどのように書いたらよいかわからなかったりする場合がある。一般的に漢字の読み書きのテストを行う前には、ドリルやノートを利用して繰り返し書くことによって記憶するといった方略をとる場合が多い。しかし、「認知の偏り」がある子どもたちにとって、必ずしもノートに繰り返し書くといった方略が最適な方法であるとは限らない。ノートに書くという方法の他に、単語帳を使う、文章を作って書く、語呂合わせをして覚えるなどの方略があり、それぞれの子どもにとって最適な方略の使用について、子どもと共に教師も工夫していくことが求められる。学習における問題解決にあたり、様々な方略の中から自分に最も適するものを選択し、実施する。それが効果的であったかどうかを振り返り、もしも効果的でなかった場合は別の方略を試してみるといった活動を実施することが、プランニングにおける支援として有効である。また、「どうしたらうまく覚えられるか」と

いうことをクラスの中で話し合いをすることも、自分自身の方略を意識化するのに効果的である。このような方略に関するプロセスを子ども自身が意識化して繰り返すことは、様々な学習活動に見通しをもって取り組むことにもつながる。

　おわりに
　教育現場で出会う子どもたちは一人ひとり異なり、個々の学習のつまずきも多様である。様々な学習のつまずきを示す子どもたちに対して、どのような支援の方法を選択するかを検討する際に、経験に基づく判断のみならず、理論的根拠に基づいた方法を選択することは重要である。なぜなら、経験のみで支援の方法が選択されるのであれば、まだ経験の浅い新任教員は適切な支援が十分にできないということになってしまうからである。もちろん、教員の経験や個性、教育観といったものを日々の教育に反映することは重要である。しかしその一方で、全ての子どもたちが、いずれの教員からでも個々の教育的ニーズに応じた、適切な支援を受けられるようにするのが学校教育のあるべき姿であると考える。そのためには教員個人の主観とは別の視点で子どもを見つめる眼も必要となる。本節で取り上げたPASS理論は、子どもの学習の背景にある認知処理過程に視点を向けることで、より適切な支援を検討するための新たな視点となりうることが期待される。

　加えて、学習の問題をはじめ、子どもが抱える様々な困難の背景には、本節で述べた個々の認知処理過程の困難のみならず、家庭環境や学校での人間関係など、様々な問題が重複している場合も多い。そのため、その子どもの困難の背景を明らかにする際には、子ども個人の特性に加え、個人と環境の相互作用に注目する視点も必要となる。このように、様々な視点から問題状況を整理し、支援を検討する際にも、大学で学ぶ様々な「理論」は教育現場において「役に立つ」ことを期待したい。

〔参考文献〕

J. A. Naglieri & E. B. Pickering 著、前川久男・中山健・岡崎慎治訳（2010）『DN-CASによる子どもの学習支援』日本文化科学社

J. A. Naglieri 著、前川久男・中山健・岡崎慎治訳（2010）『エッセンシャルズ DN-CASによる心理アセスメント』日本文化科学社

前川久男・中山健・岡崎慎治（2009）『日本版DN-CAS認知評価システム　理論と解釈のためのハンドブック』日本文化科学社

松原達哉編（2006）『心理学概論』培風館

（細川美由紀）

第 5 章

# 教材研究・学習指導法の研究と模擬授業

---

渡邊　洋子（常磐大学准教授）
介川　文雄（常磐大学非常勤講師）
阿久津一成（常磐大学非常勤講師）

## 1 「初等国語科教育法」～授業の構想力を育む～

### (1) 「初等国語科教育法」の授業概要

　小学校の「国語科」の授業は、授業の構想に悩む先生方が多い。その教材で何を教えたらよいのか、どういう力をつけていったらよいのかわからないことが主な要因となっている。

　このことを踏まえ「初等国語科教育法」の授業では以下のことに重点をおいている。

① 子どもたちから「先生、国語の授業、大好き！いつも、次の国語の時間が待ち遠しいの。」と感想のこぼれる授業展開ができるようになること。

② 子どもたちが授業を受けている間に、言語を駆使する力や思考力や表現力が自然に身についていく授業を提供できるようになること。

③ そのために、「この教材で子どもたちにどんな力をつけたいのか」を明確に意識しながら教材の特徴をとらえ、教材を分析する目を養うこと。

④ 自分の感じたこと・考えたことをことばにし、他の学生と積極的に意見交換すること。

⑤ 発表された考えに対して仲間の意見を積み上げていくことで、教員がまとめてしまうのではなく、クラスの総意として意見が形作られ、学びが成立していく授業展開を身をもって体験し、国語教室の授業展開の構想の一助とすること。

⑥ 自分の感じたこと・考えたことを文章にまとめる過程を大事にすること。「初等国語科教育法」では「書くこと」自体が学習であることを実感する機会を設けている。限られた時間のなかで「自分の考えを文章にまとめること」は、自分の理解を確認するためにも重要な学習である。「教員に提出するために書く」のは、教員が求めるので仕方

なく「教員のために」書いていると勘違いしやすい。しかし、「教員のために」もしくは、単に「提出するために」書いている学生と、これこそが自分の勉強だと認識して「自分のために」文章にまとめる人ではまったく学びの深さが違うことに気づく機会としたい。そこには、学校の教員になった時も同様の姿勢で臨んでほしいとの願いが込められている。

以上を目標に繰り返し教材を分析し、授業として構想する授業を行っている。

「初等国語科教育法」は教科教育指導法科目の授業がスタートする2年次ではなく、初等教育実習などでの学びが深まり、指導法を獲得することの重要性が体験的にも理解できてきた3年次を対象に行うよう、カリキュラムを編成している。3年次秋に行われる「初等教育実習」の国語科中心の授業と連携させるため3年次春セメスターに開講している。

以下に授業で扱う特徴的な4教材—「読むこと」の領域から「韻文」・「文学的な文章」・「説明的な文章」、「書くこと」教材1つ—を取り上げ、ポイントを示していく。

(2) 詩「すいっちょ」・「朝のリレー」・「ふるさとの木の葉の駅」を読む

韻文は凝縮されたことばの使い方をしている場合が多く、散文に比べ、言葉のもつ重みを焦点化して取り上げるのに適している。したがって、15回という限られた回数の授業であれば、導入時期に出来るだけ詩や短歌等韻文を扱い、言葉一つひとつに込められた想いや形象を読み味わう訓練をしたいと考えている。

また、これまでの国語科の授業で難解な詩の解釈を要求され、詩に対して苦手意識を持っている学生も少なからずいる実態がつかめている。小学校の教員になった時に、そのまま詩に対して苦手意識を持っていることは避けたい。したがって、苦手意識を払拭し、詩の豊かさを実感していくためにも、「初等国語科教育法」は詩からスタートしている。

詩の授業を3回行ううちに、学生は一つひとつの言葉が表そうとしてい

る内容に目を凝らすようになる。紙面に印字された活字は平板であるが、読み込むうちに、山と谷、奥行き、書き手の想い、形象が立ち上ってくることを実感する。まずはそのきっかけとなることばを探す作業を行う。
①「すいっちょ」……「どこから庭へ出ようとしているのか」「なぜ２連が下がっているのか」「なぜそっとしゃがんで待つのか」など、授業では20近い発問が考えられ、それに対する考えを出し合うことにより、読み深めていくことが可能となる。個人でじっくり読み込む時間帯、２～３人で意見交換をする時間帯、全体で発表する時間帯、再度自分で読み深める時間帯を取り、思索する静かな時間帯と話し合いや発表など表出する時間帯とのメリハリについても、実感する時間としている。
②「朝のリレー」……教材（詩）を読み味わうための授業展開の仕方は様々あること、その教材（詩）の特徴をとらえることにより、扱い方としてよりふさわしい方法が考案できることを示す授業となっている。「すいっちょ」とは違う手立てを示し、クラスが一体となって読み味わうことで詩の新たな面に触れる。この詩では、行から行への距離を中心に扱っていく。行から行への適度な飛躍の面白さを味わいたい作品である。これ以上行から行へ距離が離れ飛躍してしまうと、読み手がついていけなくなる。逆に、これ以上行から行への距離が近づき飛躍がなくなると、想像の範囲が狭まり、面白さが半減してしまう。その適度な飛躍が作品の面白さを深めているところに着目して授業を構想したい。
③「ふるさとの木の葉の駅」……倒置法、強調、多くを語らない言葉のつかい方などがこの詩を特徴づけている。一行ごとに読み進める方法を示し、時間の経過、ストーリーの展開と連の構成の仕方などに着目することで読み味わいたい。
　いずれも、各自読み味わう時間を保障し、最初の自身の読みと、全体の意見を聴いた後の最後の自身の読みでは深さや広がりが異なるよう授業を展開させると、理解が進み面白さを感じられることを実感させたい。
　国語の授業は、とことん言葉にこだわること、そのために、しっとりとした思索の時間を教室に保障すること、その積み重ねが充実感や意欲につ

ながることを学生自身が体験する場と考えている。

　教室を静けさが支配しているといっても、そこに質の違いがあることに学生には気づいてほしいと願っている。「黙れ」と抑圧され、怒られないように沈黙している「教室の静か」な状態と、一生懸命読み深め、考えているからこそ静けさが支配している、活発な思考による「教室が静か」な状態とは自ずから醸し出す雰囲気が全く違う。その質の違いを敏感に感じ取り、質の高さを追い求めていける教員を目指したい。この授業では、その時間帯が訪れることを予期し、実際に違いを感じ取ることも重要な学びとなっている。

| コラム1 | 教師の声 |
| --- | --- |

1　「教室は場所によって声の響き方が違う？」
　試しに耳を澄ませて、声を出しながら教室を一周してみてください。よく響く場所と、響きにくい場所、音のゆがむ場所があります。そういうポジションを知っておいて、響きの良い場所で範読や発問をするように心がけましょう。教卓の周囲でも、少しずれるだけで響き方が違うことが良くあります。
　響く場所では小さな声でも、空気にのって心地よく子どもの心に届きます。響かない場所で、声帯に力を入れて範読したり、発問したりするのは子どもに耳障りですし、教師も音声障害などになりやすいです。無神経でいてはいけません。隣の教室で授業を受けてもわかるような大きな声を常に出している教師になってはいけません。聴かない子どもにしてしまいます。

2　「教師こそは腹式呼吸？」
　新採用一年目、一番気をつけたいのが、風邪と音声障害です。睡眠時間が減り、ストレスもたまり、免疫力が落ち、風邪を引き込みやすくなります。その上、休みなしに声を発し続けなければなりません。喉の風邪にかかりやすく、その度に声が出にくくなり、無理に発声し炎症を起こすという悪循環です。声がいつもと違う時には、すでに声帯が腫れて、危険な時です。声は消耗品だという認識を持つことです。まずは風邪を引かないよう、うがい・手洗いの励行です。また、授業以外の時にはマスクをして潤

いを保つ、子どものためにも部屋の湿度を保つなど、工夫できることはたくさんあります。心がけてみてください。

そして、喉に力を入れなくて自然な声の出せる腹式呼吸、これが基本です。自分の声の出し方を考える様になると、無理な発声をしている子どもにも気づけるようになります。また、応援のし過ぎや課外活動などで声を壊しそうな子どもに、適切なアドバイスをすることも可能になります。声をつぶさせない指導をしましょう。声はその人にしかその音色が出せない最高の宝物です。

3 「幼稚な発音は教師に損？」

皆さん、YESだと思いますか、NOでしょうか。

答えは残念ながらYESです。教師は、発音の幅が求められます。毅然とした大人の発音もでき、優しい声で語りかけることもできる、その幅が求められます。勘違いしてはいけないのは、アニメの声優のような作り声が求められているわけではないということです。「良くがんばったね」という励ましの心をそのまま映し出す優しい発音をした時と、「このままではいけない」と厳しい心で臨んだ時の声に差があることが求められるのです。その差が持てると、子どもに伝えたい内容が届きやすくなります。内容が厳しくても、幼稚なしゃべり方では、内容は受けとめられないです。逆に、いくら褒めていても、厳しい口調、無駄のない発音では、子どもは褒められた気がしません。自分がどのくらいの幅をもって発音できるのか、友達や周囲の人に率直に尋ねて、訓練すると良いですね。

(3) 「にじの見える橋」

杉みきこによる中学校1年生用の文学的文章教材である。この「初等国語科教育法」で敢えて扱うことにしている。理由は大きく2点挙げられる。

一つ目は、様々な小説のしかけが見え隠れしており、教材分析の目を養う上で欠かせない点である。これから小学校の教材を自力で分析していく時にも、この作品で培った力が生かせると考えている。

もう一つは、小学校国語科「読むこと」の到達点を示す目的である。「中学校に入学する時には、このような小説を読み込める力が必要なのです。小学校にいる間にここまで子どもの力をつけておく必要があります」という到達目標を、体感しておいてほしいとの願いがある。学習指導要領

で学習内容は挙げられているが、それだけでは、小学校でどこまでの力をつけておくべきか感じ取ることは難しい。実際に中学校で学ぶ最初の小説を授業で扱うことによって、子どもに要求すべき学習内容がつかみやすくなる。

　「少年」「目線」「色使い」「子ども・大人の対比」「伏線」「天気と心情」など、切り口の多い教材である。

⑷　「ちょっと立ち止まって」
　この説明的文章も中学校1年生の教材である。この中学校教材を「初等国語科教育法」で取り上げる理由は3点ある。2点は3「にじの見える橋」と同じである。3点目は子どものメタ認知を鍛え活用する手立てとしたいためである。

　この教材を取り上げた後、「いろいろなふね」「たんぽぽのちえ」「たんぽぽ」も比較対象として扱う。説明的文章の構成や授業で検討する内容が学年が上がるに従ってどのように発展していくのか、自分で比較できるように教材を提示している。

　小学校1年生としてはじめて扱う長文の説明的文章「いろいろなふね」では、種類の違う船を説明するのに、敢えてパターン化し、同じ言い回しをしていく。「～は……です。」「～は……のための○○です。」などの言い方が特徴的である。一方「ちょっと立ち止まって」では、「いろいろなふね」と同じように絵を提示しながら文章を進めているが、絵の紹介の文、他の一般的な例を取り上げた文、まとめの文などが、変化に富んだ段落構成の中に敢えてパターンを破るように配置されており、取り上げる内容の順序も工夫されていることが読みとれる。

　説明的文章にも様々な文種があるが、それらの基本的なパターンを学び取る低学年、基本的な形の中に表れる変化や工夫に着目できるようになり、比較しながら読みとれるようになっていく中学年、段落構成や表現の工夫など、それぞれの文章によって異なる筆者の書きぶりに着目し、筆者の発想に着目しながら、表現方法と内容を統合的に読みとる面白さを味わ

う高学年と、それぞれの年代によって求められている学習内容が違うことを押さえたい。

さらに、問―答の型をみても、低学年では問いがあれば、すぐ次の行に答えが述べられているが、中学年、高学年と学年が進むにつれて、問いがいくつもの小さい問いに分散したり、答えも実験を挟んだ後に述べられたり、小さな答えがいくつも集まって、大きな答えになっていたりと、複雑化していく。それは、中学校や高校の説明的文章の読み取りにおいても着目できる説明の発展形である。自分が現在、どのような学習の途上にあるのか、今学んでいる説明的文章はこれまでの学習内容とどのようにつながっているのか、今後どのように発展していく学習内容を学びつつあるのかという視点を、学習する子どもたちに伝えながら進めていきたい。特に読み取りが難しく、不得意になりやすい説明的文章の学習などでは、今扱っている教材を、前後の関わりのない点として学ばせるのではなく、既習の文章とのつながり、これからの発展の方向を線として指し示しながら、その中の今この部分として示し、子どもたちもその理解の元で学習を進められるようにしていくことが望ましいと考える。

---

| コラム2 | 職員室での1コマから |

**1 「あなたの靴音、大丈夫?」**

　ある日の職員室の会話でした。「まったく、サンダルのかかとをカタカタならしながら歩いているのにどうして自分で気づかないのかしら。うるさくて仕方ないわ。」このような言い方をする教師も勧められませんが、自分の靴音が職員室で騒音になっていることに気づかない教師も再考の余地ありでしょう。入院した時に、廊下を歩く靴音に身体全体が反応してしまったり、不快に思ったりした経験をお持ちの方もいるかも知れません。そういう方はこの靴音、「たかが靴音、されど靴音」ということに気づくのではないでしょうか。小説でも、足音や靴音で精神状況を表す叙述に遭遇することがよくあります。行き届いている人は靴音がしなかったり、リズムカルな心地よさを相手に与えたりします。逆に、引き締まっていない

時は、そのだらけた精神状況がそのまま靴音に表れます。さて、「私の靴音、大丈夫?」です。

２　「お茶・お菓子当番で修行してるかも?」

　現在の職員室ではすでに見られなくなっている場合も多いですが、数年前までは職員室で教員がお茶を飲むことや、ちょっとした茶菓を配ることがありました。その飲み物やお菓子を買い揃えておく当番もありました。そのことの是非をここで取り上げたいわけではありません。要するに子どもと直接関係のない、一見どうでもいい当番なのですが、そこにその先生の力量がでるという話です。どこに出る?　そもそもどうでもいいような仕事です。それでも気を遣って、学年の先生が好む飲み物やお菓子を切らさないように何時も気配りする先生、飲み物が無くなっても無頓着な先生、様々います。無頓着な先生は、これは教育とは別の余計な仕事だから、というわけです。

　でも不思議と、いつも飲み物やお菓子に気を配れる先生の教室では、学級図書がきちんと揃えられて整頓されていますし、子どもへの目配りも行き届いているのです。逆に、所詮はお菓子のことと思っている先生の教室では、教室備品がなくなっていたり、子どものロッカーが雑然とした状態になっていたり、子どもに目が行き届いていなかったりするのです。人間は一人ですから、あちらへの気配りはダメでも、こちらへの気配りはできるという使い分けは難しいのです。特に、学級備品などは、お菓子を揃えておくことに近い部類に入ると感じるかも知れません。そうすると、授業ではないし、子どもに直接関わることではないから後回し、無頓着ということになってしまうのです。ここでもやはり「たかがお菓子当番、されどお菓子当番」です。学生の皆さん、職場に入ってからの話と思っていますか。大学時代のこのようなちょっとした仕事が、自分磨き、教師磨き、子どもや教室環境への目配り・気配りの良い修行の場になることもあるのです。教員になった４月１日から、突然、周囲の人や子どもの立場でものを見ることのできる、配慮のある人になるわけではないのですから。

(5)　俳句物語づくり

　初等国語科教育法の授業で取り上げる唯一の「書くこと」領域である。15回の授業の中で、意識的に「書く」時間を取っているため、ここでは学生の書く力を伸ばすことが第１の目的ではなく、「書くこと」の授業で陥りやすい指導を指摘し、将来指導する子どもたちが内容の面白さに興味を

抱いて書いているうちに書く力を確実に伸ばす指導を実際に学生に受けさせることで体験的に学ぶことが中心である。

　児童が創作した俳句10句を提示し、その中から１句を選び、物語に仕立てる教材である。

　子ども、大人に関わらず文章を書く作業は全知力を結集することが求められる。子どもたちは良い文章を書きたいと願いながら書いており、指導者は質の高い良い文章を書かせたいという強い願いを持ちながら指導に当たっている。その教員の熱意や願いは、難しい課題を提示することに変わってしまうことが実際の場面ではよく見られる。子どもたちにも新たに取り組む課題の価値の高さを切々と説き、これを書き上げることがいかに素晴らしい学習であるか、力をつけることになるか力説することになる。しかし、その時点でこの課題は、上位数名のみ達成できるが、その他の大多数にとってはやりこなしきれない難しい課題として横たわり、最終的には「書くこと」を不得手に感じるようになる子どもたちを量産するだけの学習課題に陥ってしまうことになる。教師が課題を説明している最中に、すでに「これなら自分にも書ける！」「こんな風に書いてみたい！」と子どもたちが目を輝かす、そういう教材や課題を設定し、サンプルを紹介しながら書かせることが大事であると考えている。どんなに簡単な課題であっても、今の自分が出せる最大限の力を振り絞って書き上げようとするのが「書くこと」の作業である。であれば、なおさら課題を難しくするのではなく、課題のハードルをできるだけ下げて、課題の難しさに苦労するのではなく、内容の書き表し方に力を注げるように課題を提示する必要がある。教員の陥りやすいこの勘違いを指摘しながら、実際に、「文章を書くことはこんなに楽しいことだったんですね！」と学生に言ってもらえることを目標に授業を提案している。

　「初等国語科教育法」は「初等教育実習」の３年秋セメスターの授業に接続している。本授業で学んだことをもとに、模擬授業が展開されていく。

（渡邊洋子）

## 2 「社会科」〜問題解決的な学習の確立を目指して〜

### (1) 「社会科教育法」の授業概要

　本授業は、小学校社会科の指導方法の理論と実践について習得し、問題解決的な学習を基本とした学習指導案を作成し、実際に模擬授業ができるようにすることを目指している。

　社会科は、戦後まもなく民主主義を教える教科として大きな期待を受けて創立された。その後、社会の変化に応じて問題解決学習から系統的学習に転換され、その結果学習内容が過剰となり知識詰め込み教育の象徴となり、長く暗記科目とみられるようになった。

　しかし、現在の社会は、より高度な知識や情報を直接的な基盤とする知識基盤社会を迎えている。社会科は、このような社会に対応すべく、これまで以上に問題を見出し身に付けた知識や技能を十分に活用して問題解決に当たれるようにすべきであり、ここに社会科の果たすべき本来の役割がある。

　したがって、本授業においては、初めに社会科がどんな背景で創立され、何を目指したのかについて確認してから始まる。

　そのほかの主な内容は、次のとおりである。

○　社会科の学力と評価（社会科の学力のとらえ方、観点別評価と評価規準）
○　社会科の授業観察・授業分析の意義と評価法、教材・教具と教科内容
○　社会科の授業の方法と展開①〜④（教科書の役割とその活用、望ましい教材、野外観察・地域調査の活用、地図や資料の活用方法とその実際、問題解決的な学習の進め方）
○　小学校社会科の学習指導計画の基本的な考え方
○　社会科における学習指導案作成の基本と手順
○　学習指導案の作成①、②と模擬授業①、②
○　模擬授業と実践上の課題（「本時の学習」の展開を中心に）

　なお、テキストは、「社会」の授業と同じ「小学校学習指導要領解説

社会編」（文部科学省、平成20年8月）を使用する。また、毎回使う資料等（ワークシートも含めた）は教員が準備する。

| コラム1 | 日本の島のベスト5（面積順）は？ |
|---|---|

　第1回のオリエンテーション時に、小学校社会科の内容に関してプレテストを行う。次は、その中の一部である。
① 日本には多くの島があるが、ベスト5（面積順）は？
② 次の地名は読み方は？
　　ア　択捉島　　　イ　沖縄島　　　ウ　佐渡島　　　エ　対馬
　　オ　犬吠埼　　　カ　室戸岬　　　キ　足摺岬
　　ク　（奈良県高市郡）明日香村　　ケ　（鹿児島県大島郡）大和村
　　コ　（群馬県吾妻郡）草津町　　　サ　（奈良県吉野郡）吉野町
　①は、実は意外にも自信をもって答えられないのがほとんどである。それは学生ばかりではない。北海道は、地方名であり都道府県名でもあるが、島の名前でもある。第4位まではいずれも「島」が付かない島名である。
　②のア～エは、それぞれ「えとろふとう」「おきなわじま」「さどしま」「つしま」。「島」が付くものでも「しま」「じま」「とう」の3通りの読み方がある。オ～キは、「いぬぼうさき」「むろとざき」「あしずりみさき」。「みさき」も3通りある。ク～サは、「むら」か「そん」、「まち」か「ちょう」の区別である。南の方が「そん」「ちょう」が多いともいえるが、同じ都道府県内でもいろいろあり読み方は難しい。地図帳の索引や郵便番号検索を活用すると正式名称を簡単に調べることができる。
　このほか日本を含めた近隣諸国の正式名称やヨーロッパの主な都市の中で東京より北にある都市を答える問題などがある。近隣諸国の正式名称は、第5学年の指導内容でもあるが、結果は十分ではない。日本列島は、緯度的にほぼ地中海に当てはまることが押さえられていれば、ヨーロッパの主な都市はすべて東京より北にあることが分かるはずである。
　社会科で、基本となる知識や調べ方は確実に身に付けさせたい。

## (2) 社会科の成立と教科の特性を調べる

　初めに、1947年社会科が創立される前の社会科の内容に関連する教科である修身科（教育勅語の価値や規範の体系を授業内容、戦前の道徳）・日本歴史科（皇室と関わりのある歴史上の人物・できごと、近現代の国家に関わるできごとを授業内容）・地理科（日本や世界各地の地名や産物を中心とする授業内容）の3教科を資料をもとに調べる。これら3教科の授業の概要をまとめ、キーワード（国家主義的教育など）を考える。

　次に、終戦により連合国軍総司令部により3教科のすべての教科書や教師用書の回収と授業が停止されたことを押さえ、社会科の概要を調べる。
○　ヴァージニア・プランをモデルに編成されたこと
○　人間の社会生活を中核として、学校教育課程全体を包括的に編成したコア・カリキュラムであることを押さえる。

　そのうえで、小学校用「学習指導要領社会科編Ⅰ（試案）第二章第六学年までの社会科」（昭和22年度、原文）の資料を配付し、次のような新設された社会科の特性を洗い出す。
「第一節第六学年までの社会科の特性」から（一部のみ）
○　社会科の目指す社会生活における相互依存の関係の理解は、身近で基本的なものに限られる。
○　児童が進んで社会生活に参加し、その進歩に貢献できるよう機会を十分与える必要がある。
○　社会科の内容は未分化であり、他の教科との境界線がはっきりしない。
「第二節小学校社会科の学習指導法」から（一部のみ）
○　児童の現実生活における問題を正しくとらえることである。
○　問題を選定し、これを中心とする自発的活動を定め、学習指導計画を立てることである。
○　児童の自発的な活動を指導していくには、説話、講義、話し合い、絵や地図をかくこと、物を作ったり、読書や報告の作成、写真や絵を集めたり、実地に見学したりなど様々な工夫が必要である。

初期社会科の代表的実践として、「西陣織の実践」（京都市日彰小、コア連・日生連の代表的実践）と「福岡駅の実践」（富山県福岡町大滝小、初志の会の代表的実践）の二つの実践例を取り上げ、資料をもとに具体的な社会科の授業、特に単元の展開の概要をとらえる。

### (3)　社会科の役割を考える

　社会科の役割については、社会教育認識学会編『小学校社会科教育』（2010年9月、学術図書出版）の「1．学校教育の目的及び目標と社会科の役割」をもとに二つの方法で考える。
　一つは、小学校社会科の目標と教育基本法第1条の教育の目的を比較することである。教育基本法第1条の教育の目的は、
○　教育は、人格の完成を目指し、平和で民主的な国家及び社会の形成者として必要な資質を備えた心身ともに健康な国民の育成を期して行われなければならない。

であり、小学校社会科の目標は、
○　社会生活についての理解を図り、我が国の国土と歴史に対する理解と愛情を育て、国際社会に生きる平和で民主的な国家・社会の形成者として必要な公民的資質の基礎を養う。

である。波線部に着目すると、社会科の目標には、学校教育法の教育の目的の文言がそのまま使われていることから、社会科は現在においても学校教育の中核的役割を果たすことが求められているといえる。
　もう一つは、学校教育法第21条の項目から考えることである。社会科は教科の中で最初に取り上げられていることに着目させ、その理由を考えさせる。

### (4)　教科書の役割とその活用を考える

　社会科学習指導においては、教科の特性もあり、教科書をどのように活用するかは極めて重要なことである。特に、地域学習が中心となる中学年では、各地域で作成している副読本（あるいは資料集）の活用と併せて考

えなければならない。まず、社会科教科書として、原田智仁編著『社会科教育のフロンティア』（2010年2月、保育出版社）の「教科書とはどのようなものか」をもとに、基本的な次のこと（特に下線部）を押さえる。
○　教科書（地図帳も含めて）は、<u>主たる教材</u>であり<u>使用しなければならない</u>ものであること
○　教科書は教科書会社が作成し、文科省の検定を受けたものの中から<u>地域で採択されたもの</u>を使用すること
○　第3、4学年は、学習指導要領で目標・内容が2学年まとめて示されており、<u>教科書も2学年まとめられている</u>こと
○　教科書は<u>辞典的要素と方法的要素</u>を併せもっていること、読めば理解できるような<u>説明調</u>で書かれていること
○　教科書には、学校で<u>選択しない事例も取り上げられている</u>こと

　これらのことを踏まえたうえで、①学習問題を設定するのに役立てる、②見学の仕方、インタビューの観点、調べ方、まとめ方に役立てる、③資料として役立てる、④一般性や傾向性として把握させたり、概念として定着させたりするのに役立てる、⑤確認、まとめとして役立てるなど活用の仕方を考える。

(5)　問題解決的な学習の進め方～調べ方・学び方の指導～

　社会科の学習指導では、より主体的な学習を進めるうえで、単元全体でも1時間の授業においても問題解決的な学習を基本としたい。
　小学校では、一つの単元を「つかむ」「調べる」「まとめる」「生かす」など、一つのサイクルで問題を解決していく学習が多く進められている。

① 　社会科の学習問題

　学習問題（ここでは学習課題と同義語として考える）をどう設定するかは、学習の成立の大きな鍵となる。教師が設定し与える方法もあれば、児童と一緒に設定する方法もある。ここで大切なことは、だれが設定するかではなく、どれだけ児童が問題意識をもてるかである。それが、その後の

学習に意欲的・主体的に取り組める出発点となる。以下、類型化した学習問題を例示する。

ア　どのような型～事実としての知識を習得させようとする問い
○　目的を問う～「秀吉はどのような目的で刀狩をしたのか」
○　手段・方法を問う～「庄内平野ではどのようにして米づくりをしているか」
○　過程を問う～「自動車はどのようにしてつくられているか」
○　構造を問う～「清掃工場はどのようなしくみになっているか」
○　関連を問う～「沖縄の人々のくらしは気候とどのように結びついているか」
イ　なぜ型～事実としての知識の中でも因果関係を習得させようとする問い「なぜ人々の生活は10年の間に大きく変わってしまったのだろうか」
ウ　どうすればよいか型～価値としての知識を習得させようとする問い「日本の農業を発展させるためにはどうすればよいか」

---

**コラム2**　中国の諺～魚の釣り方を教えれば一生の食を満たせる

　中国の古典の教えに「魚を与えれば一日の飢えをしのげるが、魚の釣り方を教えれば一生の食を満たせる」がある。あるいは、「一匹の魚ではなく釣竿を」「おにぎりよりもかきの種を」とか、よく国際協力の場において引き合いに出されるのに「人に一匹の魚を施せ。そうすれば彼を一日だけ養える。魚の獲り方を教えよ。そうすれば彼を一生養える」がある。似たようなことわざはいろいろある。起源についても諸説がある。
　北　俊夫氏の著書に「社会科の授業はどう変わらなければならないか―『一匹の魚』より『魚のとり方』を―」(1997年6月、明治図書)がある。これは、中国の諺を例えとして、基礎的・基本的な知識や社会的な見方・考え方などを身に付けるだけでなく、「生きる力」としての学び方や調べ方などを重視した社会科の授業改善の方向を示している。
　社会科の学習対象とする社会は、急激に変化しており、新しい知識や情報は限りなく拡大している。そして、その速度は加速度的に進んでいる。もはや多くの知識や技能を身に付けるには限界がある。

② 学習問題設定の方法

　学習問題を設定する方法は、①既習事項との矛盾を認識させる方法、②社会的事象間の矛盾を発見させ驚きを感じさせる方法、③新しい知識の習得による知的好奇心に訴える方法、④子どもの生活経験と関連させる方法などがある。

　初めに、単元全体の学習問題の設定である。

　具体的な学習問題を設定する事例として、安野功・田山修三著『図解社会科授業5年』（2005年3月、東洋館出版社）の単元「自動車工業のさかんな地域」で取り上げている事例をもとに考える。

　この事例は全12時間で、単元の学習問題設定に2時間を充てている。

　まず、第1時では自分たちの周りの自動車を調べる。調べるポイントは、車種、大きさ（サイズ）や排気量、色・デザイン、機能（四駆）などである。その結果、自動車には、軽自動車、小型・大型などがあることなどが分かる。第2時では、近くにある自動車の販売店を見学・インタビューして、自動車についての疑問などを聞く。そこで、買う人に合わせて車をつくったり販売したりしていること、自動車はたくさんの部品でできていること、注文した自動車は4週間ぐらいで届くことが分かる。分かったことやさらに調べてみたいことなどから話し合い、単元の学習問題「自動車生産に従事する人たちは、どんな工夫や努力をしているのだろう」を設定する。

　次は、1単位時間の学習問題の設定である。

　小学校第6学年の歴史単元「世界に歩み出した日本」（全6時間）の単元の学習問題「明治の日本は、どのようにして世界に歩み出していったのだろう」を受けて、第2時「条約改正を目指して」での1時間の学習問題設定の手順を考える。①ノルマントン号事件の風刺画（ビゴー作）を提示して気づいたことを話し合う。②事件の概要を調べ、不平等条約がもたらした日本の不利益について確認する。③事件に対する当時の人々の思いを吹き出しに書く。④1911年条約改正が達成された事実を知らせ、本時の学習問題「我が国はどのようにして条約改正をなしとげたのだろうか」を設

定する。

### ③ 社会科における学習活動
　学生がこれまでに経験した学習活動を出し合い、それらを①体験に関する活動〜観察・調査・見学・作業など、②表現に関する活動〜構成活動・報告発表・劇化など、③問題解決に関する活動〜話合い・ディベート・資料活用・シミュレーションなどの三つに分類する。さらに、それぞれのよさと問題点についてまとめる。また、学習活動は、学習形態（一斉、グループ、個別学習）と大きくかかわるので併せて考える。

### ④ 読解力を高める資料の効果的な活用
　社会科において「読解力を高める」とは、単に資料などの内容を理解するだけでなく、読み取った知識や技能をその後の学習や様々な場面で活用でき、自ら考え新たな知識や技能の獲得ができるようにすることである。
　まずは、次のような各種の資料活用のポイントを押さえる。
○「写真」資料の活用〜写真の特性を理解し事実を実感的にとらえられる
○「挿絵」資料の活用〜写真では表せないなど、挿絵にしかない特性を生かす
○「グラフ・統計」資料の活用〜全体から部分へなど、読み取り方の指導
○「インタビュー記事」の活用〜一部を「虫食い」にしたり、インタビュー記事作成の参考に
○「新聞記事」の活用〜見出しや写真の活用、新聞づくりの参考に
○「史料」の活用〜要約であることの理解
○「副読本」の活用〜地域で作成された身近なもの、教科書との活用
　ここでは、各学年の発達段階やこれまでの経験をもとにステップを踏んで段階的に指導することが大切であることが理解できるようにしたい。

## (6) 模擬授業と実践上の課題

### ① 授業の構想～45分の授業をイメージする

まずは、45分の授業をイメージできるようにすることである。そのためには、①1時間の目標を明確にする～単元の目標を踏まえて、②どうすれば、どういう状況になれば目標を達成できたといえるのか、③最初に提示する資料は、④ねらいは何か、ねらいに迫る学習活動は、⑤多様な考えが引き出される発問（一問一答からの脱却）⑥まとめ、などを考えることである。

### ② 学習指導案の作成

初めに、学習指導案とはどんなものか、数例を提示し、何のための指導案なのか、基本的に形式に決まりはないなどを理解したうえで、教育実習で作成するような一般的な形式の学習指導案の書き方について説明する。特に、「本時の学習」について、基本となる次の点について重点的に指導（下線部）する。

○ 「目標」は、単元の目標を踏まえたうえで、本時で何ができるようになればよいのかを<u>行動目標</u>の形で表す。
○ 「学習活動」は、45分の授業の中での核となる活動であり、<u>4～5程度</u>とし、児童が何をするのか<u>児童の立場</u>で書く。資料、<u>活動内容や予想される児童の反応</u>も書く。
○ 「教師の支援・評価」は、<u>教師の立場</u>で、具体的につまずきなどを予想して、<u>何をどう支援するのかその手だて</u>を具体的に書く。たとえば、助言するのか、提示するのか、補説するのか、指示するのか、まとめるのか、投げかけるのか、教えるのか、選択肢を提案するのかなど。評価については、評価計画に基づき、<u>全員を評価できる視点を一つ程度書</u>

く。

　時間に余裕があれば、指導計画と教科書の該当ページ、虫食いにしたモデル学習指導案（同じ単元同じ時間の学習指導案）を準備し、全員で完成させると効果的である。学習指導案の作成にはかなりの時間を要するので、授業では２時間程度とし、あとは課題として完成させる。

③　ショート模擬授業の実施～学習問題設定場面を中心に

　全体としては２時間程度しかとれないので、作成した学習指導案の導入部の学習問題設定場面を一人７～８分の時間で模擬授業を行うこととする。実施時間は、学生の人数により調整する。

④　実践上の課題

　２時間の模擬授業実施後に各自反省をまとめる。全体で出し合い、課題としてまとめたうえで、問題となった点を中心に全体指導を行う。

（介川文雄）

## 3　「算数科教育法」～算数的活動の効果的な指導法を求めて～

### はじめに

　この講義は、学生が教育実習の際、自信をもって児童に算数科の授業を行うことができることを目指している。そのためには、算数科の現状や課題を把握し、学習指導要領の内容を学ぶことを出発点とする。その上で、具体的な教材を基に教材研究の方法や学習指導案の作成、さらには初歩的な模擬授業を体験し、算数科の授業の見通しをもたせることに重点をおいて講義を進めてきた。また、授業の到達目標としては、算数科指導の特質や史的変遷を踏まえ、学習指導要領の目標と内容を理解し、算数的活動を重視した効果的な学習指導の方法や技術等が追求できることを求めた。

　さらに、算数科教育の前提条件として、下記の事項を押さえた。

○　児童が、自分は愛されていると実感できる教育や授業を受けることが基本である。
○　児童の育ちは、教師の指導力に責任がある。
○　ラテン語 educare（引き出すの意）を踏まえ、教師の一方的な指導でなく、児童のすばらしさを見付け、それを伸ばしていくと同時に、共に創り上げていく学習を重視する。

(1)　算数科指導の価値

　算数科指導の性格や内容は、背景となっている数学の特性が大きく影響する。講義では、算数科指導の特性として、抽象性、形式性、論理性を挙げて説明し、特に下記の三つの側面から価値の追求を目指していると押さえた。

① 実用的な側面

　社会生活における事柄や問題の考察処理に役立つ。例えば、数量・図形・数量関係に関する知識を身に付けると買い物をする時の計算ができるようになるなど、身の回りの生活に利用できる。そして、その考え方やアイディアも活用できる。

② 人間形成的な側面

　算数科指導によって、児童の直感力や思考力、判断力、創造力などの知的な能力を育成することができる。このことによって人は鍛えられ、精神的な習慣や態度を養うことができる。

③ 文化的な側面

　先人が築き上げてきた数学の美しさやすばらしさに触れることによって、「精神的な満足感が得られるとともに知的好奇心が刺激される。」[1]このような学びにより、人間が創り上げてきた文化的な価値を味わわせることができる。

(2) 算数科の目標の史的変遷

今回の改訂は、昭和22年に初めて学習指導要領が編集・刊行されて以来、7回目の全面改定である。今までの学習指導要領の特徴を簡単に述べると下記の通りである。
① 生活単元学習（昭和26【1951】年）
② 系統学習（昭和33【1958】年）
③ 数学教育の現代化（昭和43【1968】年）
④ 基礎基本の重視（昭和52【1977】年）
⑤ 新しい学力観（平成元年【1989】年）
⑥ 生きる力と内容の厳選（平成10年【1998】年）

特に、現行の目標は従前の目標と比べて、基本的な方向において同じなのかそれとも変わったのか、また、算数科指導でねらいとしていることは何かということを、学習指導要領に示されている算数科の目標を比較・検討することによって、より正しく理解したい。ここでは、平成10年と現行の小学校学習指導要領の算数科の目標を比較してみたい。

平成10年の算数科の目標

> 数量や図形についての算数的活動を通して、基礎的な知識と技能を身に付け、日常の事象について見通しをもち筋道を立てて考える能力を育てるとともに、活動の楽しさや数理的な処理のよさに気付き、進んで生活に生かそうとする態度を育てる。[2]（傍線筆者）

平成20年の算数科の目標

> 算数的活動を通して、数量や図形についての基礎的・基本的な知識及び技能を身に付け、日常の事象につての見通しをもち筋道を立てて考え、表現する能力を育てるとともに、算数的活動の楽しさや数理的な処理のよさに気付き、進んで生活や学習に活用しようとする態度を育てる。[3]
> 
> （傍線筆者）

改訂の要点は下記の通りである。
　目標が「算数的活動を通して」に始まり、「活動の楽しさ」が「算数的活動の楽しさ」に記述が変更されるなど、①「より一層の算数的活動の充実」を求めている。また、「筋道を立てて考える能力」から「筋道を立てて考え、表現する能力」というように②「表現する能力の育成」が加わった。さらに、「進んで生活や学習に活用しようとする態度を育てる」というように③「活用する学習」が重視されている。

(3)　算数的活動を通しての指導
　平成10年の小学校学習指導要領算数科で登場した「算数的活動」であるが、今回の指導要領ではより強調され、29事例を例示している。以下のキーワードによるパネルディスカッションを実施し、理解を深めた。

① 　算数的活動の意味
　「児童が目的意識をもって主体的に取り組む算数にかかわりのある様々な活動を意味」[4]し、「算数の学びとその指導において、ときには目標として、ときには方法として、ときには内容として位置づけられること」[5]となる。

② 　算数的活動をよりよくするために
　「算数的活動を通して、数量や図形の意味を実感をもってとらえたり、思考力、判断力、表現力等を高めたりできるようにするとともに、算数を学ぶことの楽しさや意義を実感できるようにするためには、児童が目的意識をもって主体的に取り組む活動となるように指導する必要がある。」[6]（傍線筆者）

③ 　算数的活動の意義
　算数的活動を取り入れることによって、算数の授業を以下のように改善することができる。[7]

- 算数の授業を児童の活動を中心とした主体的なものとする。
- 算数の授業を児童にとって楽しいものとする。
- 算数の授業を児童にとって分かりやすいものとする。
- 算数の授業を児童にとって感動のあるものとする。
- 算数の授業を創造的、発展的なものとする。
- 算数を日常生活や自然現象と結び付いたものとする。
- 算数と他教科、総合的な学習の時間等を関連させる活動を構想しやすいものとする。

④ 算数的活動の類型

算数的活動はその形態や活動場面に着目して、以下のように分類して示されている。

ア 活動形態による分類[8]
- 手や身体などを使ってものを作るなどの作業的な活動
- 教室の内外において各自が実際に行ったり確かめたりする体験的な活動
- 身の回りにある具体物を用いた活動
- 実態や数量などを調査する活動
- 数量や図形の意味、性質や問題解決の方法などを見付けたりつくりだしたりする探求的な活動
- 学習したことをさらに発展させて考える活動
- 学習したことを様々な場面に応用する活動
- 算数や他教科等の学習を通して身に付けたものを総合的に用いる活動

イ 活動場面による分類[9]
- 算数・数学の意味を実感する活動
- 算数・数学を生み出す活動
- 算数・数学の事象の考察に利用する活動
- 数学的表現を用いて説明し伝え合う活動

⑤ 形式化に生きる算数的活動

　教科書「たのしい算数３年下」大日本図書11「新しい数の表し方を調べよう」の③小数のたし算とひき算の問題「ジュースが0.5L入っているパックと0.3L入っているパックがあります。１つのびんに入れると、何Lになるでしょう。」で考えてみる。この問題の計算の仕方を児童に自力解決させた場合、線分図や数直線の具体的な操作を説明したり、話し合ったりする算数的活動が重要になる。「0.5は0.1の５こ分、0.3は0.1の３こ分、合わせて0.1が８こ分、だから、0.8」を読む算数的活動が必要となってくる。児童に線分図や数直線を書かせる活動を重視した。だから、算数的活動が深まったかと言うとそうとも言えない。児童が具体的操作で0.8の答えを求めたことと0.1の５こ分と３こ分をたして８こ分、だから0.8が繋がっていくような算数的活動を重視したいものである。このような算数的活動を目指した本時の目標を指導案に書くよう心がけたいものである。

| コラム１ | 数学的な考え方 |
| --- | --- |

　講義では片桐重男（『数学的な考え方の具体化』明治図書、1988年９月）の分析を紹介した。

Ⅰ　数学的な態度
　１．自ら進んで自己の問題や目的・内容を明確に把握しようとする。
　２．筋道の立った行動をしようとする。
　３．内容を簡潔明確に表現しようとする。
　４．よりよいものを求めようとする。

Ⅱ　数学の方法に関係した数学的な考え方
　１．帰納的な考え方　　２．類推的な考え方　　３．演繹的な考え方
　４．統合的な考え方　　５．発展的な考え方
　６．抽象化の考え方―抽象化、具体化、理想化、条件の明確化の考え方―
　７．単純化の考え方　　８．一般化の考え方　　９．特殊化の考え方
　10．記号化の考え方―記号化、数量化、図形化の考え方―

> Ⅲ　数学の内容に関係した数学的な考え方
> 　1．単位の考え　　　2．表現の考え　　　3．操作の考え
> 　4．アルゴリズムの考え　5．概括的把握の考え
> 　6．基本的性質の考え　7．関数的な考え　8．式についての考え
> 　　　　（志水廣編『小学校算数科の指導』2009年9月　建帛社　P.157より）

(4)　図形指導で効果的な数学的な考え方

　数学的な考え方の演習問題では、教科書「たのしい算数5年上」大日本図書6「図形の角の大きさを調べよう」第1時、問題「右の直角三角形（図形省略）の、3つの角の大きさの和は何度でしょう。」を教材に学ばせた。

① 類推的な考え方

　類推的な考え方とは、「類似な場面や内容であると考えられる2つのものについて、その一方に関して成り立つ事柄は、他方についても同様に成り立つのではないか、と推測する考え方である。」[10] 例えば、直角三角形の内角の和が180°になることを見通す学習の際に、三角定規の3つの角の和を想起させ、すべてをたすと180°なることから、「形が似ているぞ？」「ひょっとしてこれも同じ答えになるのかな？」と考える。これが類推的な考え方である。

② 帰納的な考え方

　帰納的な考え方とは、「いくつかの具体的な例に共通する一般的なきまりを見出す考え方である。特殊から一般へとなる。」[11] 例えば、直角三角形の3つの角の大きさの和を調べるには、分度器を使ったり、3つの角を切り取ってならべたり、三角形を折ってそれぞれの角を1カ所に寄せ集めたりする方法などがある。分度器を使う学習場面では、いくつかの大きさや向きの異なる直角三角形を用意し、それらの内角を測りその角の和がすべて180°になっていることから、どんな直角三角形でも内角の和がすべて

180°になるのではないかと考える。これが帰納的な考え方である。

③ 演繹的な考え方

演繹的な考え方とは、「すでに正しいことが明らかになっている事柄を基にして、別の新しい事柄が正しいことを説明していく考え方である。」[12]

例えば、既習事項の長方形の4つの角の大きさの和が360°であることを基にして、この長方形を対角線で切れば四角形は必ず合同な直角三角形が2つに分割できることから、必ず直角三角形は180°となることが説明できる。このように正しい事項から、次の新しい結論を導き出す。これが演繹的な考え方である。

(5) 模擬授業の実践に向けて

よりよい模擬授業をするために、下記の事項を押さえさせた。

① 授業観をもつ

自らの授業観をもつことである。①どんな模擬授業をしたいのか。②児童に何を学んでほしいのか。③児童に身に付けさせたい力は何か。そして、④そのためにどういった授業をするのか、を学習指導要領や教科書等から読み取り、明確にもたなければならない。そこで、模擬授業終了後の相互評価の時には、これらの4点について発表させ、授業の反省点を自ら気づかせるように配慮した。

② 教材研究力をつける

よい授業をするには、教材を分析し、教材をよく理解するなど積極的に教材に関わることが重要であることを強調した。

③ 学習指導力をつける

学習指導力は、児童の実態を捉えて、教材を的確に児童に提示する力である。しかし、学習指導力は「経験」の積み重ねに左右されることが多

い。そのため、模擬授業に積極的に取り組むよう指導した。

(6) 模擬授業づくりの手順
　学生が模擬授業を実施するまでの一連の「学びの過程」を、以下の手順で具体的に学ばせるように指導した。[13]

---

1　教材研究
　(1)　指導内容の把握・目標の吟味
　(2)　算数的活動の内容と重点内容の明確化
2　学習課題の決定
　(1)　教科書通り
　(2)　教材開発
3　授業の構想・設計
　(1)　構想　・算数的活動の決定　　・ヤマ場の設定
　(2)　設計　・問題解決の仕方　　・自力解決の支援
　　　・発表場面での支援　　・発問の仕方
　　　　（展開の仕方）
4　学習指導案作成
　(1)　目標を書く。
　(2)　児童観、教材観、指導観を書く。
　(3)　展開を書く。
　　　・教師の働きかけ　　・児童の活動と反応
　　　・指導上の留意点　　・評価の方法
5　模擬授業での検証と修正
　(1)　実際に模擬授業をする。（15分）
　　　・予定通り　　　　　・臨機応変な対応
　(2)　授業の反省をして、授業の修正（10分）

　特に大事にしたいのが学習課題、問題提示の仕方、問題解決の支援の仕

方、解決したことの発表場面での支援の仕方、の４つである。

(傍線部分筆者追加)

## コラム２　授業の指導法と指導技術

　よい算数の授業をするには、算数の概念形成のために、教材を基に教師が用意した算数的活動の場面で児童が自ら学ぶように、以下に記述している指導法や指導技術の視点を仕組む作業をすることと言える。(傍線部分筆者追加)

① 指導法
　ア．既習事項で組み立てる。
　イ．多様な解き方、多様な解を求めさせる。
　ウ．発展的に考えさせる。　　エ．教具を工夫して考えさせる。
　オ．児童の率直な疑問を生かす。カ．予想外の反応を生かす。
　キ．児童のつまずきを生かす。　ク．生活とのかかわりを大切にする。
　ケ．教科書をうまく利用する。

② 授業の指導技術の視点
　ア．導入をどうするか。　　　　イ．問題提示をどのようにするか。
　ウ．どんな学習のめあて（学習課題）で自力解決の意欲をわかせるか。
　エ．どこで算数的活動をさせるか。
　オ．どんな発問で児童の考えを深めるのか。
　カ．どのように児童の考えを発表させるのか。
　キ．どのようなヒントを与えるのか。
　ク．どんなワークシートを用意するのか。
　ケ．どんな板書をするのか。　コ．どんな教具を用意すればよいのか。
　サ．教科書をどこで使うか。
　シ．ノートはいつどのように書かせるか。
　ス．つまずきを予想してどんな対策をとればいいのか。
　セ．どんなまとめやふりかえりをするのか。
　ソ．練習はどんな問題にするのか。

(志水廣編著『小学校算数科の指導』2009年９月　建帛社　P.30～31より)

(7) 演習：授業構想と模擬授業

1グループ4～5名で構成し、教材研究の仕方を基にした授業構想のプレゼンテーション（2時間、6グループ×2）を行う。その後、模擬授業と相互評価（3時間、4グループ×3）を実践した。

しかし、授業構想といっても学生にとっては難しいことなので、実施する前に筆者が学生に事例を示し、指導した。その授業構想事例、教科書「たのしい算数5年上」大日本図書3「小数をかける計算を考えよう」を以下に紹介する。[14]

> 5年〔算数的活動〕（1）
> ア 小数についての計算の意味や計算の仕方を、言葉、数、式、図、数直線を用いて、説明する活動

① 課題をとらえ、解決の見通しを立てる段階

> 【問　題】1mのねだんが30円のリボンを、2.3m買います。リボンの代金はいくらでしょう。

- ○　「何を求める問題か」「この問題で分かっていることはどんなことか」を押さえる。
- ○　これまで学習してきたことから、似ていることや使える考えなどに気づかせる。
- ○　立式した根拠を明らかにする。
- ※　既習の累加の考えでは立式や計算方法が難しい。新しい倍の考えを取り入れると説明しやすいことに気づかせる。

> 発　問　リボンを2.3m買ったときの代金をもとめる式を考えましょう。
> また、その式でよいわけを説明しましょう。

〈予想される児童の考え〉
ア　単純化の考えを用いて、数直線で考える。
イ　倍の考えを用いて、数直線で考える。
ウ　整数の場合に置き換えて考える。
エ　「ことばの式」にあてはめて考える。
○　30×2.4の立式や計算を確認し、結果や計算方法の見通しを立てる。
○　学習のめあてをつかむ。
（算数的活動ができる学習課題を提示するよう工夫する）。

> 【めあて】これまでに、整数×整数の計算の学習をしている。30×2.3のようにかける数が小数のとき、整数×整数の計算を利用して答えの出し方を考えましょう。また、その計算のしかたでよいわけを説明しましょう。

② 自力で解決する段階
　○　学習のめあてをつかみ、解決方法の見通しが立てられるように支援する。
　○　自力解決の時間を設定するとともに、机間指導やグループ指導で、できるだけ自力で考えられるようにする。
　○　考えたことをノートに書く場合は、単に計算だけでなく「どのように考えたのか。」また「どんな意味があるのか。」を書くように、これを指示する。

③ 解決したことをもとに説明したり、話し合ったりする段階
　○　友達のやり方と比べる。
　○　具体的な問題場面をもとに計算の意味を話し合い、数直線などの図を用いて表現するようにする。
　○　数の意味や乗法に関して成り立つ性質について話し合い、表現でき

るようにする。
- ○　Aの考え
    式では、(被乗数30÷10)×(乗数×10)をしても積は変わらない。数直線では、0.1mの代金から、2.3mの代金を求める考えと同じである。
- ○　Bの考え
    式では、乗数2.3を10倍した30×23の積を(÷10)する。数直線では、2.3mの10倍の代金から、2.3mの代金を求める考えと同じである。
- ○　練り上げる。(比較・検討)

④　解決の仕方や考え方をまとめる段階
- ○　学習のめあてに対応したまとめをする。

> 【まとめ】小数を0.1がいくつとみたり、10倍したりして整数の計算に直して考える。それから、計算の意味やきまりを使って、答えを求める。

⑤　学習を振り返り、新しい問題や課題をとらえる段階
　授業を振り返り、分かったことや感じたことをノートに書き、発表する。

〔注〕
1) 志水廣編者『小学校算数科の指導』建帛社　2009年9月　P.5
2) 『小学校学習指導要領解説算数編』文部省　1998年11月　P.13
3)4) 『小学校学習指導要領解説算数編』文部科学省　2008年8月　P.18
5) 編集・新算数教育研究会『講座算数授業の新展開7 算数的活動』東洋館出版社　2010年4月　P.11
6)7)8) 『小学校学習指導要領解説算数編』文部科学省　2008年8月　P.19, P.19, P.185～P.186

9） 編集・新算数教育研究会『講座算数授業の新展開7 算数的活動』東洋館出版社　2010年4月　P.15～P.16
10)11)12）志水廣編者『小学校算数科の指導』建帛社　2009年9月　P.146, P.145, P.146
13）志水廣編者『小学校算数科の指導』建帛社　2009年9月　P.30
14）『小学校学習指導要領解説算数編』文部科学省　2008年8月　P.143

（阿久津一成）

# 第6章

# 教職論・教育実践研究並びに学級経営の研究とその実際

大内　善一（茨城キリスト教大学教授）
土門　能夫（常磐大学非常勤講師）
阿久津一成（常磐大学非常勤講師）

## 1 「教職論」〜教職や教員の専門性についての理解を深める〜

### (1) 「教職論」の授業概要

本授業では、現代の教育をめぐる状況にふれることを通して、教職の意義・役割・特質、教員の専門性について考察を加え発表し論述することを目的としている。

最初の授業では、ガイダンスを行う。授業計画の概要、授業方法、受講上の留意点、成績評価の方法等に関して説明を行う。

毎時間の授業は学生達による協議・発表・まとめによって進めている。協議は三人グループを単位として行っている。

「三人寄れば文殊の知恵」である。

本授業では、主要には以下のような要素を取り上げている。

① 教育の根源としての関わり合い〜ほめること・叱ることの教育〜
② 対話の教育〜語り合いと聴き合い〜
③ 表現の教育〜表現することばと身体を育む〜
④ 自分の声で説得力のある話をしよう〜プレゼンテーション〜
⑤ 子どものものを見る〈目〉を育てる
⑥ 子どもの心が見える教師〜子どもをみる〈目〉を養う〜
⑦ 「いじめ」を防ぐための手立て
⑧ 学級を統率し保護者との信頼関係を築く
⑨ 教師の教育観・授業観

以下には、紙幅の関係でいくつかの要素に限定して言及することにしたい。

### (2) 教育の根源としての関わり合い〜ほめること・叱ることの教育〜

最初のガイダンスの後で、小・中学校時代にほめられたこと・叱られた

ことの体験を記述させている。ほめること・叱ることの教育的意義について考えさせるためである。

さらに、次時においては複数の資料を取り上げて、ほめること・叱ることの教育について自分の体験に重ねながら考察を加えさせている。

ほめることに関しては、①「七色の声とトーンで」（坂本泰造著『教師の力量をどう高めるか』1984年4月、あゆみ出版）、②「人はほめられた方向に伸びていく」（有田和正著『教え上手』2009年12月、サンマーク出版）などの資料を用いている。

①の資料では、教師が「豊かな評価の言葉」をどれだけ「豊かな表現力・演技力」で投げかけられるかについて述べられている。

その事例として、七つの評価の言葉が取り上げられている。

　　「よし！みごとだ」「よし。みごとだ！」「『よし！みごとだ』と深くうなずく」「よーし！みごとだ」「『よし。みごとだ』と、目をつむり、しみじみと深くうなずく。」「よし！！みごとだ！」「よし！（深くうなずく）……みごとだ」。（103～104頁）

これらの言葉を実際に学生全員に声に出して演じさせてみる。

②の資料では、「加点主義」すなわち「キミはここがすばらしい、ここを伸ばしなさい」というほめ方について具体的な事例が取り上げられている。

ほめる時には、「『△△について、キミはだれよりも詳しく調べてきた』などと焦点を絞って具体的にほめる」ことだと指摘している。

笑顔の少ない子どもには、「授業中にちょっと笑ったね」と声をかけてやる。彼が「笑っていないよ！」と反発してきたら、「いや笑っていたよ。先生、キミでも笑うことがあるんだなあと思ったもの」「でも、キミの笑顔はいいなあ。見ている人間まで明るくする」「キミは怒った顔より笑顔のほうがずっと似合うぞ」（195～200頁）などと声をかけ続けると、その子はすっかり明るい子どもに変わったと述べている。

このような実際のほめ方の事例から、学生達自身にも自らの体験を振り返ってもらうのである。

叱ることに関しては、①多湖輝「叱らなくなった親たち」、②金美齢「『叱る』ことの復権宣言」、③吉永みち子「『叱ること』と『怒ること』」（『暮らしの手帖 特別号 叱る』2003年4月、暮しの手帖社）の資料を取り上げている。

　資料①では、「しつけには叱ることも大切—だが、効果のあがる叱り方には、いろいろな工夫も必要なようだ」（43頁）とある。資料②では、「指導には多かれ少なかれ、何らかの形の"強制的要素"が不可欠である」こと、「親による"愛情いっぱい"の叱責は、もっとも優れた"強制的要素"である」（45頁）とある。資料③では、「叱ること」と「怒ること」との違いに関して、「怒るのは一瞬の怒りや不満があれば誰でも爆発できるが、叱るのはそうはいかない。何を大事にして生きていくべきなのかという自分自身の人生観や、相手の言葉を待つ根気、伝えたいというエネルギー、それに何より愛情が、叱るという行為の根元を支える」（51頁）ことなのであると主張している。

　これらの資料を基に「叱ること」の教育的意義について深く考えさせる手立てとしている。

(3) 表現の教育〜表現することばと身体を育む〜

　前節で教師が投げかける「豊かな評価の言葉」には「豊かな表現力・演技力」が必要となることに触れた。

　実は、教師に豊かな表現力と演技力が求められるのは単に評価の場面においてだけではない。それはあらゆる教育実践の局面において求められることである。

　とりわけ豊かな表現力は、教師のみならず子どもたちにも求められるものである。そして、豊かな表現力は〈からだ〉と〈ことば〉が一体化した時に生み出されてくるものである。

　齋藤孝氏はかつて『教師＝身体という技術』（1997年11月、世織書房）という本の中で、〈からだ〉と〈ことば〉との関わりについて詳しく論じている。ここで取り上げた問題を一般化して世に問うた本が『声に出して読

みたい日本語』（2001年9月、草思社）である。

　齋藤氏はこれらの本の中で、「声に出して読む」ということは身体が関わっているから心地良いのだ、満足感も感じられるのだ、そしてそこから「生きる力」も生まれてくるのだと述べている。

　齋藤氏は「息」「呼吸」の際の「息づかい」すなわち「呼吸法」というものにこだわり続け、「声」と「息づかい」とは「身体」そのものなのだと捉えている。「声」というものは「言葉の本質」であり、身体と言葉とは一元的に結びついているのだというわけである。

　筆者も以前から「言葉は身体なのだ」と主張して「言語身体観」という言語観を提唱してきている。

　このような考え方を理解させるために、学生には齋藤氏のインタビュー記事「暗誦・朗誦で心とからだに力を取り込もう」（『いきいき』2001年12月号）、竹内敏晴氏のインタビュー記事「ことばの力を心とからだに」（同前誌）、「なぜ、暗誦・朗誦を私は勧めるのか」（『いきいき』2002年4月号）、竹内敏晴氏稿「自分の声を取りもどすということ―子供たちの話し方や授業中の姿勢が悪いのは、何に原因があるのだろうか―」（竹内著『からだが語ることば$a$＋教師のための身ぶりとことば学』1982年4月、評論社）等の資料を読ませている。

　竹内氏は上記のインタビューの中で、「しゃべれているようで、しゃべれていない人のからだのこわばり」という問題点を指摘している。

　また氏は、上記の書物の中で、「ほんとうに話しかける、声で相手にふれるという、この人間の基本的な行為の能力が、今私たちから、しらずしらずのうちに奪われていきつつあるのじゃないかと私は恐れている」、「言葉＝声が相手の体にふれ、『胸にしみ』『腑に落ちる』つまりからだの内に入っていって、相手のからだと心を動かす、変える、これが話すということでしょう」（49頁）とも述べている。

> **コラム1**　「まなざし」と「語り」による子どもとのより深い関わりを
>
> 　教師と子どもとの間の教育的関係を表すことばの一つに「ふれあう」という用語がある。教師が子どもに「ふれる」ためには「ことば」と共に「まなざし」という要素が必要である。「まなざし」は「身体」そのものである。かつて湊吉正氏は「りっぱな教授者の学習者たちを見るには、ある独特のやさしさ、あたたかさとある独特のきびしさとが共存している」と述べている。そしてその視線は「まず教授者としての自己を離脱して学習者としての子どもたちの立場に立っている視線であり、同時にまた、自己へと立ち返って子どもたちを価値的な高みへと導いてゆく方法を真剣に探索している視線でもある」（『国語教育ノート』1975年8月、明治書院）と考察している。この視線が「まなざし」のことである。
> 　また、この「まなざし」と同様の働きをもつものに教師の「語り」がある。それは子どもへの「まなざし」と一体的に作用していることが多い。「語り」の教育的意義に関しては様々な考察がある。吉本均氏は教師の「語りかけ」の目的について「子どもたちの身にかかり、かれらからの能動的な応答をひき起こすもの」となるべきであり、「『語り』が、子どものなかの『もう一人の自分』への励ましとして作用」（『授業の原則』1987年5月、明治図書）させるべきものでなければならないと述べている。私たちは、このような教師の「身体」の深い部分から作用してくる「まなざし」や「語り」の力を自覚して教師としての専門的力量を身につけ、子どもとのより深い関わりを目指していかなければならないだろう。

　さらに学生には、実際に行われている実践事例の一つとして、秋田大学教育文化学部附属小学校でかつて実践されていた全校表現活動「いちょう集会」の様子をビデオ映像で視聴させている。各学年毎に行われている「詩の群読」「合唱」「身体表現」「音楽劇」等の記録の一部を視聴させている。

　これらの事例を視聴することで、子どもたちが〈からだ〉で感じていることを〈ことば〉化したり〈動作〉化することで身体の緊張やこわばりを解きほぐし、身も心も開かれた状態となっていく様子を実感させることが目的である。

続いて、ことばの格闘技「詩のボクシング」の録画映像も視聴させる。これは、音声詩人・映像作家の楠かつのり氏が声の復権を目指して始めたものである。（楠著『「詩のボクシング」って何だ!?』2002年1月、新書館）毎年、地方大会を経て全国大会にまでつなげて実施しているものである。

自分の身体を使って、身振り手振りのパフォーマンスを入れて詩の内容を自分の言葉にのせていくのである。言葉を生きたものにするためには、自分の身体を潜らせていかなければならない。「詩のボクシング」とはそのような試みなのである。これは小・中学校の現場でも実践できる事例であるということで学生に紹介しているのである。

もう一つは筆者が以前実践した大学生による朗読劇「かさこじぞう」のビデオ記録の視聴である。

これらの実践事例から、教師と子どもたちが共に表現することばと身体を育んでいく意義について理解を深めさせていくことにしている。

(4) 自分の声で説得力のある話をしよう～プレゼンテーション～

前節で述べた教師と子どもたちが共に豊かな表現力を身につけていくための実践として、実際に学生三人一組によりプレゼンテーションを行っている。

---

| コラム2 | 生きたことば、死んだことば |
|---|---|

　筆者はかつて秋田大学に在職中に秋田市教育委員会の学校訪問のお手伝いをさせて頂いていた。ある中学校を訪問したときのことである。一校時目に学校長から学校経営の方針に関する説明があった。学校要覧に掲げられていた学校経営の方針を見せて頂いて驚いた。経営の方針が何とキャッチコピーの表現で示されているではないか。
　「一人千人＝職員一人ひとりの言動が全校生徒千有余人を動かす」、「何時五三〇＝いつでもゴミゼロの学校」といった具合にである。こんな経営方針が五つほど並んでいた。これら一つひとつのことばは全て実際の行為に通じている。教員や生徒の行為を具体的に促すことばとなっている。こ

> れこそまさしく生きた教育のことばである。単なるスローガンではなく、人を具体的な行動に導くことばである。修飾語ばかりの形骸化した死んだことばでなく生きたことばである。このような形の学校経営の方針を見たことは後にも先にもない。教育の現場にはきれいごとを並べただけのひからびた教育方針が多すぎる。ことばだけが空しく宙を舞っている。そのようなことばを見ても子ども達が心を動かすことはあるまい。逆に心までさみひからびてしまうのではないか。
> 　学校訪問で小学校の教室に入って行くと、教室前面にはクラスの目標板「輝くひとみこぼれる笑顔キラリ」とあった。ある中学校では「果汁友情100％」「納豆つなげよう41の心と心」「37色で染め上げる水彩画」という具合に学級目標が掲げられている。子ども達もなかなかやるのである。自分達の思いや願いを実に鋭い語感で見事に表現しているのである。教室で教師と子どもの心をつなぐのはそれほど特別なことをすることではない。子ども達の思いや願いが託されたこのような生きたことばを見出してやり積極的に引き出してやることなのである。

　話題を「納豆売り上げ向上大作戦」と題して、水戸の名物商品・納豆の売り込みを三人で行うというものである。

　納豆商品は、月並みなありきたりのプレゼンとなることを避けるために、こんな納豆があったら良いなという架空の納豆を考えて楽しいスピーチにするように求めたのである。

　三人の役割も納豆会社の社長・販売課長・社員と分担をさせて、それぞれに「売り込みポイント〜キャッチコピー風に〜」と「売り込みのための決めゼリフ」を工夫し、各人が一人ずつフリップを準備して売り込み合戦を展開するという趣向である。アイディアに富んだ愉快な納豆商品の売り込み合戦が展開されていた。

(5) 子どもの心が見える教師〜子どもをみる〈目〉を養う〜

　教師を目指すほどの人には、普通誰にも子どもに対する愛情はあるだろう。しかし、愛情だけでは教育は営めない。愛情に裏打ちされた技術が必要なのである。子どもの心を見抜くためにも当然、技術が求められる。こ

の技術を磨くためにどのような心がけが必要となるのか、そのことを以下のような資料を手がかりに理解させていこうとしている。

　①「1．指先に、子どもの心がある―指先の表情を読みとる」「2．まばたきの奥にあるもの―その一瞬をよみとる」「3．一人ひとりの心を知るバロメーターを―心のゆれをつかむ」（坂本泰造著『教師の力量をどう高めるか』1984年4月、あゆみ出版）

　②「1．プロの『見る目』はちがう」「2．子どものどこが見え、どこが見えないのか」（有田和正著『子どもを見る目の鍛え方入門』明治図書）

　資料①では、学級の中でほとんど口をきかない「弱い電波しか発しない子」がいること、その子が「木龍うるし」の人形劇の練習をしている時に「うぐいすの鳴き声」に挑戦した。ただ、その時、その子は仲間がみんなやりたがって元気に手を挙げている中で、「顔をゆがめ、どうしても、やりたい。絶対に、自分がやりたい。そう強く思っている子の指先は、さらに小さくふるえて」（115〜118頁）いたのである。教師がその小さくふるえていた指先を看取ってやっている。

　指先は「子どもの心を知るバロメーター」であるということである。

　また、「子どもたちが『まばたき』をする時―それは、教師の話や指導が、子どもたちの内面と激しくぶつかっている時だ」（120〜124頁）という。

　このように、一人ひとりの子どもの「心を知るバロメーター」を持っていく必要があることを上記の資料から理解させている。

## (6)　「いじめ」を防ぐための手立て

　本授業では、いじめ問題についても触れておくことにしている。

　いじめについて触れている文献は数多くある。

　本授業では、向山洋一著『いじめの構造を破壊せよ』（1991年12月、明治図書）から、「Ⅰ　差別を見のがさない」を取り上げている。

　この資料では、まず「一　子供集団には教育力がある」ことが述べられている。差別の状況はほんの些細なきっかけから始まる。向山氏はこの小

さな差別を見のがさないで取り上げるのが教師の仕事であると述べている。

この差別を取り上げて批判する時には、「『お説教』ではなく、クラス全員を味方につけつつ行う」こと、「批判はたたみかけるようにする」という部分がポイントであると提案している。

向山氏の提案は、自身の学級で起こった実際の問題事例を取り上げながら行われている。続いて、以下のような項目にわたって差別からいじめに移行していく問題事例とその解決方法が述べられている。

「二　グループ分けで一人の大切さを教える」「三　その瞬間に解決する」「四　教師だけが解決できる」「五　『差別』を見つけ、それと闘う」「六　席がえの時のひやかしも見のがさずに」「七　『詰め』はしっかりと」「八　まず、いじめの場面をえぐり出す」「九　学年初めにいじめの発見」と続いて、次にある母親の回想の文章が紹介されている。

「ある母親の訴え」（①私の子供がいじめられる、②まわりの子供に娘の事を頼んだ、③トイレをのぞかれる、④遠足に行きたくない、⑤学校へ行かなくていい、⑥先生は娘に言い聞かせた、⑦何も手につかなかった、⑧先生からの電話、⑨ボールペン事件、⑩グループ毎の話し合い、⑪先生は頭のいい子を信じた、⑫先生の異動を祈る）（50〜60頁）と、いじめの様相が詳細に綴られている。

続いて、前の担任の先生が異動して新しい担任になってからの「続・ある母親の訴え」が紹介されている。

「ある母親の手記（下）」（①新学期、先生がかわった、②娘がお腹の底から笑う、③新しい担任は気づいていてくれた、④力強い先生の言葉、⑤いじめのリーダーが遊びにくる、⑥娘の弱さに気づく、⑦先生、心からありがとう）（63〜69頁）と、いじめにあっていた子どもが立ち直っていった様子が描き出されている。

いじめ問題に関する考察は、学生にも自分のいじめ・いじめられた体験の掘り起こしをさせるところから始めることにしている。

ただ、それだけでは、ほとんどの場合、体験した事実の確認だけに終

わってしまう。後には、かつての不愉快な思い出だけが浮き彫りにされてしまうことになる。

やはり学生たちには、いじめに対して実際に行われた具体的な指導事例と出会わせることが是非とも必要となろう。

この意味で、上に見た向山氏の「差別を見のがさない」という資料は学生にとって実践上の一つの拠り所となったようである。

(大内善一)

## 2 「教育実践研究」～教師の専門的力量を支える諸要素の理解～

### (1) 「教育実践研究」の授業概要

「教える」とはどのような営みなのであろうか。

誰もが小・中学校から高校まで多くの教師に教えられてきている。

学生達には、その体験を紐解くところから、「教える」ということ、教育実践の在り方について具体的な姿を捉えていって欲しいと考えている。

教師が児童・生徒に実際に教えている姿を具体的に理解していくためには、授業を記録した映像や授業記録書の活用が効果的である。

これらの授業記録媒体を通して、教師の専門的力量を支えている諸要素を学生自身が「教えられ」てきた体験に重ねながら学ばせていくのである。

教師の専門的力量を支えている諸要素には様々ある。

その中から、主要には以下のような要素を取り上げている。

① 燃える授業・やる気の出る授業
② 学びと出会い～ほめること・叱ることの教育的意義～
③ 教える授業から追究し発見する授業
④ 子どものものを見る〈目〉を育てる
⑤ 語り合い・聴き合う授業をつくる

⑥　子どもの心が見える教師〜子どもをみる〈目〉を養う〜
　　⑦　教師の教育観・授業観

　最初から一般的・抽象的な考え方を問うことは避けることにしている。
　実際に教室で行われている授業実践の様子をビデオ・ＤＶＤなどの映像媒体の視聴や実践記録資料の講読を通して、教育実践に必要な諸要素について理解を深めさせていくことに努めている。

(2)　燃える授業・やる気の出る授業
　最初の授業では、ガイダンスを行う。授業計画の概要、授業方法、受講上の留意点、成績評価の方法等に関して説明を行う。
　毎時間の授業は学生達による協議・発表・まとめによって進めている。
　協議は三人グループを単位として行っている。
　「三人寄れば文殊の知恵」。
　相互に意見を出し合って考え方を深めていく手立てとしてはグループ学習の形態として見直されていくべきである。
　三人という最小の学習集団は、フリートーキングに適している。司会も要らない。談論風発的な雰囲気の中で自由に意見を出し合える。
　三人という小集団での話し合いは、小・中学校での授業でも、隣同士の話し合いに次いでもっと活用されるべきであることを学生にも強調している。
　ガイダンスの後に、小・中学校時代に受けてきた授業の中で大いに燃えた授業・やる気を搔き立てられた授業について書き出してもらう。
　以下のような事が取り上げられてくる。

　○　面白いゲーム形式を取り入れてくれた。
　○　叱るとき、ほめるときのけじめがきっちりとついていた厳しい授業。
　○　子ども達が苦労して作った作品をみんなで鑑賞し、認め合える場を

保証してくれた。
　○　子どもの思いにしっかりと応えてくれた先生の熱意。
　○　短い、分かりやすい指示と、よく整理された板書と説明が印象に残っている。
　○　「苦手だからやりたくない」という思いを抱いてしまう前に、「こうやってみたらできるかも」とアドバイスをくれたり、いつも生徒目線で考えてくれた。
　○　ほめてくれたり、頑張りを認めてくれたり、励ましてくれた授業。
　○　気軽に、積極的に発言や質問ができる雰囲気づくりが上手だった。
　○　生徒指導では、鬼のように怖い先生でも、数学の授業では丁寧に時にはユーモアを交えて教えてくれた。
　○　その人その人の努力する姿を認めて評価してくれた。

　これらは、学生達から出された所感の一部である。当たり前のことのような事柄である。しかし、実際にはこのような配慮がなされていない授業が圧倒的に多いことを逆に裏付けている所感と見なす事もできよう。

### (3)　学びと出会い～ほめること・叱ることの教育的意義～

　心理学者で教育学者でもあった波多野完治に「学ぶ心理・教える心理」（『波多野完治全集』1990年6月、三省堂）という一文がある。
　波多野はこの中で、どちらも天才的な人物と見なされている映画監督の黒澤明とタレントの黒柳徹子を取り上げている。
　黒澤の『蝦蟇の油』という自伝と黒柳の『窓ぎわのトットちゃん』という自伝には、それぞれ二人が小学校時代に出会った教師のことが描き出されている。
　黒澤明は小学校に入学当初は担任から精神薄弱児のような扱いを受けていたとのこと。しかし、2年生の時に転校して受け持たれた立川先生との出会いが黒澤少年を級長にまで変えてしまう。
　ある日のこと、立川先生は子ども達が描き上げた画を黒板に貼りだして

自由に感想を言わせた。その時、黒澤の画はみんなに「げらげら笑われただけであった」。しかし、立川先生は「笑うみんなを怖い顔で見廻して、なんだか盛んに私の画をほめてくれた」(218頁)というのである。

> **コラム１**　人はほめられた方向に伸びていく
>
> 　有田和正氏は、人を伸ばす方法として「加点主義」の良さを挙げている。「減点主義」は「キミはここが悪い、ここを直しなさい」といって欠点を直させる方法であるのに対して、「加点主義」は「キミはここがすばしい、ここを伸ばしなさい」と言って、「長所やプラス部分を大きく伸して人を育てる」方法であると述べている。大人であれ子どもであれ、欠点を直すより長所を伸ばしたほうが人の成長は早く大きいもの」であるというわけである。とりわけ子どもの場合は「ほめてやると、それが成長のスイッチを入れたかのように、びっくりするくらい急速に持てる力を伸ばしていくもの」だと指摘している。
> 　授業中もほとんど発言しない寡黙な女子児童がいたという。有田氏は大勢の見学者がいた公開授業の場で彼女を指名してみたことがある。すると、彼女は「おずおずとぎこちないながら、じつに的を射た内容の発言」をする。そこで、有田氏は感心して「すごいじゃない、〇〇さん。いつもは黙っているけど、よく調べているし、よく考えているねえ。キミの頭のよさが伝わってくるよ」とほめてやったのである。
> 　これを機に、「彼女はまるで殻を破ったようにグングン頭角をあらわして、その学期の終わりごろには『困ったときの〇〇さん頼み』とみんなが頼りにするくらいの実力を発揮するようになっていた」のである。
> 　この女子児童は、ほめられたことで自信がつき、隠れていた能力が表に引き出されたのである。
> 　　　　　　（有田著『教え上手』2009年12月　サンマーク出版　195〜197頁）

　このことをきっかけに黒澤少年は図画の時間が待ち遠しくなり、他の学科の成績も急速に伸び始め、やがて級長にまでなってしまったのである。
　一方、黒柳徹子の「トットちゃん」時代は、「笑い上戸で困るぐらい」の「気の散る子」だったとのこと。このトットちゃんに対して公立校の女

の先生は「静かにしなさい」という言葉を連発する。

しかし、トットちゃんの気の散りやすさは一向に改まらない。ついに担任から退学を勧告される。そこで、母親はトットちゃんを「トモエ学園」という私立の小学校に転校させる。

ここでトットちゃんが小林宗作という校長先生と出会い、その後のトットちゃんの成長に大きな影響を与えたというエピソードはよく知られているところである。

波多野完治のこの文章は、子どもと教師との出会いということの意味、教師が「『学ぶ』子どもの立場をもう少し考えることが、『学ぶ』指導をするものの、まず第一にすべきこと」(227頁)という課題を投げかけている。

「学びと出会い～ほめること・叱ること～」の意義を波多野のこの文章を手掛かりに考えさせることを最初に行っている。

## (4) 教える授業から追究し発見する授業へ

かつて筑波大附属小学校の教師をしていた有田和正氏はその著書『「追究の鬼」を育てる』(1989年7月、明治図書)という本の中で、「教える授業から追究する授業へ」という提案を行っている。

有田氏は「教え・わからせ・理解させるのではなく、わかっていると思っていることをネタでゆさぶりをかけ、子どもたちに『あれ！』『分からないや』と言いだせるようにするのである」(18頁)と述べている。

筆者はかつて秋田大学に在職していた折に、当時筑波大附属小の教員であった有田和正氏の「バスの運転手」の授業を参観させて頂く機会に恵まれた。

この授業は秋田市立明徳小で行われている。秋田市の社会科の先生方の研究会で明徳小の2年生を対象に行われた出前授業である。

たまたま筆者の長女がこのクラスに在籍しており、担任の先生と校長先生からのお誘いでこの授業を参観させて頂くことができた。この授業のビデオ記録も大切に保管している。

それで、学生達にもこの授業のビデオ記録を視聴させて、三人グループ

により授業の分析をさせ、検討結果を発表させている。

　有田氏が「追究の鬼」を育てるというコンセプトで数々の優れた授業実践を産み出してきたことは広く知られている。この「バスの運転手」もまさしく徹底した追究の授業であった。

　この時の有田氏の授業は60分を優にオーバーしていた。しかし、この間、子ども達は教師から繰り出される「バスのタイヤは何個あるの？」「バスの中のつり革は何本ぶら下がっているの？」「バスの運転手はどこを見て運転しているの？」といった問いかけに対して飽くことなく追究を続けていた。

　授業が終わった後の黒板には、いくつものハテナマークが書き並べられていた。結局、子ども達は必死の追究にもかかわらず、自分達がいかに物事をいい加減に曖昧にしか見ていなかったかということを徹底的に思い知らされたのである。

　有田氏はこの授業では子ども達に何一つ教えていない。しかし、結果的に子ども達はとても大切なことを学んでいる。それは、自分達が日頃いかに物事をいい加減に曖昧にしか見ていなかったかということをである。

　そして、1時間の授業を通してこの子ども達は、これからは物事を自分の目でしっかりと見つめていかなければならないということ、そのためには一つのことを徹底して〈追究〉していくということの大切さを骨身に沁みて学び取っていたと思われる。

　〈追究〉とは、直接教えないで、つまり強制しないで教える方法なのであるということを、この授業記録ビデオを通して学生達にも理解させたいと考えている。

| コラム2 | 「考える」ということ |
|---|---|

　江戸時代の国学者に本居宣長という人がいた。宣長には『古事記伝』という畢生の大著がある。「古事記」の注釈・解説の書である。宣長はこの本を完成させるのに35年間を費やしている。この本を書き上げた後で、宣

長は『玉勝間』という本を書いている。弟子達に求められて書いた学問研究の方法論を述べた書である。

　この本の中で、宣長は「考える」ということについてとても興味深いことを述べている。「考える」とは「かむかふ」のことであると宣長は述べている。この言葉の中の「か」は接頭語のようなもので、特に意味がなく「むかふ」は「かれとこれとをあひむかへて思いめぐらす」意であると説明している。「むかふ」の「む」は「身＝体」のことで、「かふ」は「交う＝交わる」こと、すなわち身を以て相手と交わることであるというのである。

　「考える」ということは、ある対象を突き放して傍から観察するということではないのである。対象にしっかりと向かい合うことで、決して対象を冷静に分析することではないのだということである。対象と自分とがある親密な関係に結ばれていく事なのだというわけである。

　これは教育の世界にもそのまま当てはまる考え方ではないか。いや、「考える」ことはイコール教育そのもののことだったのである。

　大人である私たちが子どもと身を以て丸ごと親密に交わっていくこと、ここにこそ教育の本質があったのではないかということである。

## (5) 「語り合い・聴き合い」の授業を創る

　青森市在住の教師に佐藤康子という人がいる。現在は青森明の星短期大学教授を務めている。かつて青森市内の小学校教諭や青森市教育委員会指導主事、同指導課長補佐を経て小学校校長を務めて、その後弘前大学客員教授を歴任している。

　筆者はかつて秋田大学在職中に一本の国語科の授業記録ビデオを入手した。このビデオの授業を指導していたのが佐藤康子教諭であった。

　ビデオに収められていたのは文学教材「川とノリオ」を使った読みの授業であった。この授業ビデオを視聴して驚かされたのはその学級の子ども達の話し合い活動の見事さであった。そこには今まで見たことのない話し合い活動が展開されていた。

　驚かされたのは、その子ども達の話し合い活動への集中度の高さとその話し合いの独特な方法であった。子ども達は教材本文の「うす青い」や「ざあざあと流れる川のひびき」等の表現が意味するところを巡って極め

て密度の濃い話し合いを展開していた。クラス全体にはしっとりとした共感的な雰囲気が醸し出されていたのである。

この話し合いには、いくつかの特徴的な様子が見られた。発言する子に一種独特の話しぶりが感じられたのである。また、その話を聞いているクラス全体の子ども達がこれまた独特の聞き方をしていたのであった。

発言している子の話し方には不思議な説得力が籠もっている。聞いている子ども達はその発言をうなずきながら聞いている。しかも、そのうなずき方はただ首を縦に動かすだけでなく、「うん、うん」とか「うーん」とか「そうそう」と声を出しながら行っている。

筆者はこの佐藤氏に直接会って、このような話し合い活動を作り出すために平素どのような指導を行ってきたのか、そのプロセスをうかがったことがある。その時、佐藤氏は授業の質を高めるために「学習訓練に工夫が必要」なこと、そのための「指導技術の大切さ」を繰り返し語っておられた。

佐藤氏は、授業中の子ども達の発言例を時をおかずに教材化して、「〇〇さんにつけ足して」「私もそう思う」「ちょっと見方を変えて」「みんなと少し違う」等の、発言を行う時の「学習の手引き」をスキル教材として開発している。

### コラム3　思考の絡み合いとしてのグループ学習

　多くの授業でグループ学習が行われている。ただ、残念な事にそのほとんどのグループ学習は成功しているようには見えない。多くのグループ学習の場合、各グループに対して教師の指導が行きわたっていないのである。つまり、グループを構成する子ども同士での働きかけ、すなわち思考の絡み合いを成立させるような手立てを教師が講じていないのである。だから、一目見ただけでグループの子ども達の目に充足感が感じられない。

　仕方なしに指示された活動をしているだけで、必要感に駆られて生き生きと活動しているようには見えないのである。

　では、グループ学習を成功に導く秘訣はあるのだろうか。

> 　東京都の国語教師を長く務めていた大村はまはグループ学習を積極的に取り入れていた。しかし、大村は「まず四月に持ちましたら、四月の間は手を触れないほうがよろしく、グループなどということはしなくてよろしい」と述べている。その代わりに大村は、「何か意見を聞きますときに、だれだれさんといって意見を聞かないで、その人はお隣の人が何と思っているか意見を聞いて、自分の意見といっしょにしたものを答え」させるようにしている。つまり、隣りの人の意見を聞いて自分の意見と合わせて「ふたりで考えたところ、こうなります」と発表させるというのである。
> 　次には、「ちょっと後ろを向いて三人とか四人とかでもって、ちょっとしたことをまとめられるように」させる。こういうことを一学期間根気よく続けていくことで「グループ学習の一つの基礎」(大村はま著『国語教室の実際』1970年12月　共文社　29〜30頁)を固めていくのだと指摘している。

　そして、筆者は佐藤氏のこのような話し合い活動の授業を〈語り合い・聴き合い〉の授業と呼ぶことにしたのである。

　その後、筆者は茨城大学に転出したが、間もなく佐藤康子氏を茨城大学の集中講義に招聘することにした。また、筆者が主宰していた研究会にも招いてしばしば模擬授業を行って頂いた。茨城には通算五回ほどお越し頂いたことになる。

　なお、佐藤康子氏と筆者は共著で『子どもが語りあい、聴き合う国語の授業』(2006年9月、明治図書)、『子どもの「学び方」を鍛える』(2009年5月、明治図書)を上梓している。

　学生達には、佐藤教諭の「川とノリオ」の授業記録ビデオの視聴と上記の著作の購読を通して学修の成果を期待している。

### (6) 教師の教育観・授業観

　「教育実践研究」の最後の3回は、東京都の中学校の国語教師を永年務められた大村はまのインタビュービデオ全3巻(NHKビデオ『大村はまの世界』第1巻「教える」、第2巻「教師でありつづける」、第3巻「教師でありつづける」)を視聴して、大村が語った教育観・授業観についてグループ

ごとに話し合い、まとめさせた。

　第1巻では、大村がまだ東京都大田区立石川台中学校に現職で在職していた時のNHKアナウンサーによるインタビューの様子。この時大村はすでに70歳になっていた。ここでは「教えるということはどういうことなのか」ということについて石川台中学校での大村の授業の様子などが映し出されている。

　第2巻・第3巻では、74歳で教師を辞めてからのインタビューの様子が映し出されている。第2巻では、大村が戦後から、それまで勤めていた高等女学校を辞めて新制の中学校に着任した時の最初の深川第一中学校を訪問した時の様子が映し出されている。第3巻では、大村の自宅での訪問インタビューの様子が映し出されている。

　大村の教育観・授業観から考えさせられたことについて、ある学生は次のように述べている。

　授業はありあわせの力でやってしまうことがあってはならない。同じ授業をやっていても授業としては形になっていくものであるが、マンネリ化していることには自分自身で気づき律していくことができなければならない。教師は母親や一般の人々と同じ事をやっていただけではいけない。単に口先で子どもは「可愛い」などと言ったり、優しく愛情をもって子どもに接するなどということは誰にでも出来ることである。教師は確実に一人一人の生徒を育てていかなければならないし、成長させていき、またそれを子ども達自身に気づかせることができなければならない。教師と呼ばれ、その仕事が聖職と呼ばれている事の重みをよく理解した上で生徒と向き合い、教え方の工夫をしながら自分も成長していくことができるのが教師というものだということを強く考えさせられた。

　また、ある学生は、大村はまの教師としての姿について、次のようなことを記していた。

　　　大村はまという教師はとても厳しい人だと思った。その厳しさはもちろん他人にも自分自身にもである。話し方自体はとてもおっとりとしているが、発する言葉は芯の通ったしっかりした言葉である。長年

の教師生活でとても苦労して来られたのだなと感じた。
　生徒に対する質問のパターンがあるが、はま先生はそれではだめだと言っていた。自分からどんどん話していき、生徒が話せるような雰囲気を作っていくこと、相手の話を聞き出すにはまず自分が話さなくてはいけないということは、私の考えにはなかったことなのでとても新鮮に感じられた。

（大内善一）

## 3　学級経営論～実践的な学級経営力を身につけるために～

### (1)　学級とは何か
　「学級とは学校における、最も基本的な単位集団であり、教育の効果と能率を主たる目的として構成される学習者の集団である。」（新教育学大事典・第一法規、1990.7）指導の能率性ばかりではなく、学級という組織は、その機能が十分に発揮されれば、子どもが学力を伸ばしたり、個性を磨いたり、人間関係を築いたり、社会規範を身につけたりすることなどが出来る、教育的に極めて重要な組織と言える。
　現在の学級制度は社会に浸透しており、子どもが学校に入学すれば、学級に所属することは当たり前のことと誰もが思っている。しかし、学級という集団が実は社会の一般的な集団に比べて非常に異質な集団であるということを知っておかねばならない。
　それを知るために、江戸時代の庶民教育に大きく貢献した寺子屋を例にあげる。まず、寺子屋に行くか行かないかは学ぶ側の自由であった。師匠は当時の地域の知識人であった僧侶、浪人などが努めたが、その師匠を選ぶのも学ぶ側の子どもや親であった。子どもが通う寺子屋はほとんどが狭い地域の中にあり、子ども同士も日頃からの知り合いであることが多かった。寺子屋では一斉授業形式をとらず、個々の子どもの事情や能力に合わせてカリキュラムをつくり教えた。教える内容も「いろは」から近隣の村名、地域の行事に関するもの、農業や商売をするために必要な文書の書き

方や計算など、子どもがこれから暮らしていくために必要なことだけだったようである。

上記の例に比して、学校では子どもは学級を選べない。教師も友も選ぶことが出来ない。子ども達はたいがいの場合、互いに初対面である。教師も地域の人間ではなく、教育委員会という役所が配置する。学級での授業は一斉授業のことが多く、子ども自身が教育の内容も方法も何も自由には選べない。

これらの特異性こそが今日学級が抱える「学級崩壊」や「非行」「いじめ」などの諸問題の根源になっているのではないかとも思える。多くの教育的問題を抱える現代の教師として、この学級という集団がもつ特異性をしっかり自覚し、この特異性を克服できるように教育に当たる必要があろう。

(2) 学級経営とは何か

学級経営とは「学級の教育目標の実現を目指して、学級教育の総合的で意図的な計画を立案し、その効果的な運営と展開を図ることをいう。」(前掲書『新教育学大辞典』)。しかし、こうは言っても日々実際に担任が行う活動のうち、どの活動が学級経営という言葉に当たるのかと言うと論は定まっていない。担任が行う教科指導なども含めた全教育活動が学級経営であるという考え方がある。また、学級において教科指導を行う直前までの人間関係調整や物的整備などの条件整備だけが学級経営だという考え方もある。学問的には多くの考え方があるが、実際に学級で指導に当たる教師にとって教科指導であれ、条件整備であれ、そこに線引きを行うことは極めて難しい。それぞれが密接に関連しあっているからである。

先に述べたが、学級とは法に「学級編制」という言葉があるように、効率よく教えるために制度的に生まれた極めて不自然な集団である。学級が編制された時には子ども同士の人間的な関係など全くない集団である。そのままでは子ども達にとってよりよい生活の場にも学習の場にもならない。そこで、学級担任は意図的・計画的な種々の試みを通してバラバラの

集団を子ども達の準拠集団にし、子どもが「私たちの仲間」、「私たちの学級」、「また来年もこの学級のままでいたい」と思うような生活集団・学習集団に育てていくことが大切である。その試みが学級経営の第一歩であり目的でもある。本項もこの視点から学級経営について述べる。

(3)　学級教育目標と学級経営案

　学級担任になると一年間どのように学級を経営していくかということを具体的に学級経営案にまとめ、それにしたがって経営のP（Plan 計画）、D（Do 実行）、S（See 評価）を繰り返さねばならない。

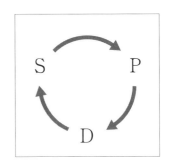

① 学級教育目標の設定

　担任は自らが行う教育の目当てある教育目標を設定しなくてはならない。この目標を設定するに当たって、学校や学年の教育目標と密接に関連を図ることが大切である。なぜならば、学校教育目標は教育基本法等の諸法規、学習指導要領、県や市町村教育委員会の教育目標や指導方針、児童の実態、保護者や地域の願い、前年度の学校評価などを踏まえて設定されたものであり、学年教育目標もその意を汲んだものとなっているからである。

　しかし、学校教育目標は多くの子どもを対象にしており、その年齢も多様である。そのため、理念的・抽象的にならざるを得ない面をもっている。担任は自らの教育理念をしっかりもちながらも、学校教育目標の具現化の場という学級の役割を自覚し、子どもの実態を把握しながら、より一層実践的・具体的な学級教育目標を設定しなければならない。

② 学級教育目標の具現化のために

　学校教育目標を受け、例えば「協力してがんばる児童の育成」という学級教育目標を設定したとしよう。しかし、この目標では具体的にどのよう

な姿を担任が児童に求めているのかが漠然としており、どのような姿が「協力してがんばる児童」と言えるのかがよく分からない。そこで「係活動を全員でできる」とか「清掃を役割分担してできる」など具体的に達成の可否が判断できる下位目標を設定しておくことが必要である。さらに、担任は係活動や清掃活動を十分に子どもが行えるように「係長会を毎週開催し指導・助言する」などの具体的な指導の手だて（努力事項）を示し、担任自身が目標達成のために努力したかどうか、評価出来るようにすることが大切である。実践段階で担任が毎週係長会を開催出来なかったら、担任としての努力不足であるし、実施しても係活動が全員で行われなかったら、担任として他に何か指導の手だてを講じる必要があるというように、経営の評価（S）が次の手だての計画（P）や実行（D）につながるのである。年度末や学期毎に行われる評価において、評価の観点として、下位目標や努力事項を重視したい。

| コラム1 | 先人の学級経営に学ぶ |
|---|---|

　「学級経営」という概念が世に出たのは明治の終わりの頃からであるが、それ以後、多くの教師によって学級経営についての研究や実践が行われてきた。それらの研究や実践は著作としてまとめられている。先人の実践は現在の教育や学級経営にも生きており、その原点に触れることは教師自らの成長のためによき糧となると思っている。ぜひ読んで欲しいものを紹介する。
　　無着　成恭著　　「山びこ学校」（百合出版）
　　小西健二郎著　　「学級革命」（国土社）
　　国分一太郎著　　「君ひとの子の師であれば」（新評社）
　　大西　忠治著　　「核のいる学級」「班のある学級」（明治図書）
　　能重　真作著　　「ブリキの勲章」（民衆社）
　また、実践者の著作ではないが、児童として学んだ体験を書いた、黒柳徹子著「窓ぎわのトットちゃん」（講談社文庫）は大正から昭和にかけて私立小学校などで行われた教育の在り様を知るのに役立つ。なお「学級王国」と言う言葉は現在では学級経営のマイナスイメージとなっているが、

使われ出した当初はどのような意味で使われたかを調べ今後の学級経営の参考にしてみよう。

　これらの本を紹介するに当たって、やや昔の本なので現在では手に入らないのではないかと心配し、インターネットで検索してみた。その結果、通販で簡単に手に入れることが出来ることが分かった。ただ同然の売値が付いていた本もあり、世の中は便利になったとつくづく思った。

(4) 学級経営の実践〜学級づくりのための組織と活動〜

　学級という極めて不自然な「寄せ集め集団」を子どもの「準拠集団」に変えていくことが担任としての最も大切な仕事の一つであることは既に述べた。担任はそのために学級で子ども達が多くの活動が出来るように努力したい。活動を通して民主的な学級を創り上げるとともに、子どもたち全員が互いのよさを認め合う学級を創るようにすることが大切である。

　そのために、筆者が中学校1年生の担任として行った実践をもとに、学級に期待される役割について記したい。本実践対象は中学生であるが小学校中学年以上であれば同様な実践は十分可能である。

① 学級組織

　担任として右表のような学級組織をつくった。生活班、学習班、係、当番など、それぞれ別の組織の指導の煩雑化を避ける意味で、班、係、当番を同一化することを考えたのである。生活班の一班は図書係であり、班員全員が同じ当番活動をすることになる。

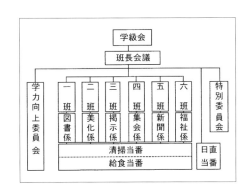

担任は班長会議でリーダーである班長に効率的に指導することが出来、子どもは多くの活動を同じ級友と同時に行うので凝集性が高まる。

どのような組織を学級につくるかは担任の裁量による。学級経営者としてめざす学級を創るために、どのような組織が適切であるかをよく考え、組織づくりに当たりたい。

② 班長の選出と班の編成
　班の編成前に班長を選出した。班長（6人）の選出は必ず立候補の形をとった。立候補者が多ければ選挙、定数一杯でも信任投票を行った。立候補者数が少なくとも信任投票を行うのは、班長という仕事が自分たちの生活の上で非常に大切なものであること自覚させるためと、子どもがいい加減な気持ちで班長になることを防ぐためである。実際に班長の仕事が大変であることが分かるにつれて、立候補者の数は減っていったが、2～3日、帰りの会などで立候補者を募ることで、必ず班長は決定した。
　班長の任期は班長会がリーダー集団として学級全体をリードできる期間であり、それが出来なくなった時、学級会や班長会自身で判断し交代した。概ね1～2ヶ月のことが多かった。
　班編成は担任と班長達が相談しながら決定していった。班の編成は座席の決定でもあるので、子ども達の関心は高かったが、その結果が問題になることは皆無であった。それは、班の編成に班長達の「学級をよくしたい」と言う前向きな考えが入っていたためだろう。
　学級にスーパーリーダーは存在しないし、いらない。班長などのリーダーは担任によって育てられることが望ましい。最終的に学級の多くの者が班長を経験出来ることが望ましいので、担任は班長の選出に当たってはこの点を配慮し、未経験の子どもに個人的に立候補を呼びかけたり、励ましたりした。

③ 班長会議（プログラム委員会、計画委員会等）の指導
　班長会議は学級経営のための中核をなす組織であり、週1回定期的に開催した。学級会の運営計画や議題の原案を作ったり、各班から班長会にあげられた学級の諸問題やその解決方法などについて話し合ったりした。担

任にとって班長会議は係活動や当番活動などの方法などについて指導・助言する場であり、リーダーの育成のための大切な場でもあった。

また、この会議に担任が参加し班長達と話し合う中で、日頃担任には見えない子ども達の実態を知ることができた。ある子への担任の評価と班長達の評価が全く異なることに気づき、その子の見方が変わったこともある。しかし、現在、このような会議は多くの学級で行われていないのではあるまいか。その大きな要因に教師の多忙と会議の必要性への認識不足がある。昼休みや放課後の利用などを工夫しながら、短時間でも定期的に開催したい。

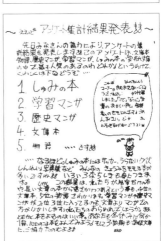

④ 係・係活動

子ども達が自分たちの学級生活を豊かで楽しいものにするために、必要に応じて作られる組織が係である。従って、係活動では子ども達が主体的に創意工夫しながら自由に活動することが大切であり、担任はその活動を支援することが必要である。

右上の図は図書係の活動の一例である。図書係は、本を集め、管理し、貸し出しなどをすることが主な仕事内容であったが、この係ではさらにアンケート調査を行い、その結果をまとめている。右下の図の調査結果では子どもの「文字離れ」の読書傾向への心配も係として示している。さらに、新刊書の紹介をする図書係新聞なども発刊した。

このような活動の中に子ども達の個性やよさが現れる。係活動は学級の子ども達が自己を発揮し、互いのよさを認め合える機会をつくる大切な活動である。

　しかし、残念ながら近年これらの活動が極めて停滞しているように思われる。係活動とは名ばかりで教師との連絡や使役に止まる係もある。子ども達が創意工夫しながら活動し、自己実現を図ることが出来る係活動でありたい。

⑤　当番・当番活動

　日々の学級生活が支障なく行われるように作られた役割が当番である。清掃当番、給食当番、日直当番など学校には当番と名がつく役割が多くある。これらの当番活動は、係活動とは異なり、学級のどの子も同じように仕事をしなければならない活動である。例えば、給食当番は給食を配膳室から教室に運び、配膳し、食後に食器を片付けるのが一連の仕事である。手順や方法を違えれば、級友はその度ごとに混乱するであろう。創意工夫することは大切であるが、その際には学級全員にその内容を熟知させることが必要である。

⑥　特別委員会

　行事などに応じて特別にその活動を担当する委員会を作ることがある。例えば運動会で学級として特別に練習したり活動したりする場合がそれである。

　係活動同様に、子ども達の主体性や創意工夫が大切にされる。特別委員会などを中心にした活動も個のよさを発揮させるための重要な機会である。

　次頁の表は運動会に際して、立ち上げた運動会特別委員会の組織表である。事前に「うちわ」の責任者が応援用「うちわ」を製作し、学級のメンバーにその体験を踏まえ製作の指導をするなど、多くの子どもがこの活動の中でリーダーになったり、自分の得意なことに頑張ったりすることが出

第6章　教職論・教育実践研究並びに学級経営の研究とその実際

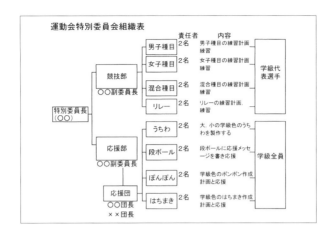

来た。

　以上、筆者の実践や体験をもとに、学級の主な組織とその活動をあげたが、活動を子ども達が活発に行い、その活動を通して互いのよさを認め合い、子ども一人一人が学級の成員としての意識を高めていくには、担任の不断の努力が必要である。係活動などの諸活動は子どもの「主体性」や「創意工夫」を重んじる活動と先に述べたが、それらは子どもから自然に湧き出てくるものではない。「主体性」や「創意工夫」を発揮させるために、常に子ども達を教師は指導し、支え続けなければならない。計画委員会や実践の場で、教師は活動の必要性と活動方法のヒントを子どもに与える。その結果、子どもはあたかも自分たちの力だけで活動をし、成功を導き出したかのように、その果実を味わうことが出来るのである。

| コラム | 仏様の指 |
|---|---|

　下記の文は国語教育の偉大な実践者である大村はま氏がその師である奥田正造先生から聴いた話である。
　「仏様がある時、道ばたに立っていらっしゃると、一人の男が荷物をいっぱい積んだ車を引いて通りかかった。そこはたいへんなぬかるみで

> あった。車は、そのぬかるみにはまってしまって男は懸命に引くけれども、車は動こうともしない。男は汗びっしょりになって苦しんでいる。いつまでたっても、どうしても車は抜けない。その時、仏様は、しばらく男のようすを見ていらっしゃいましたが、ちょっと指でその車におふれになった。その瞬間、車はすっとぬかるみから抜けて、からからと男は引いていってしまった。」……「こういうのがほんとうの一級の教師なんだ。男はみ仏の指の力にあずかったことを永遠に知らない。自分が努力して、ついに引き得たという自信と喜びとで、その車を引いていったのだ。」
>
> （大村はま著『教えるということ』1973.11 共文社 P.130より）

(5) 学級を取り巻く諸問題とその対応

　現在、学級はいじめ、不登校、学級崩壊、非行など多くの問題に直面している。これらの問題が起こる要因は学校以外にあることも多く、その対応法を一言で言ってしまうことは極めて乱暴なことである。しかし、あえて担任（概ね小学校中学年以上）として出来る対応を一言で言えば、学級全員に「自分はこの学級の一員であり、級友から自分が必要だと認められている」という気持ちをもたせることである。そのように子ども達が思えるように(4)で述べた学級での活動は行われ、担任はその活動を支援するのである。

　もう少し具体的に述べる。学級にAという子がいたとしよう。このAの心は満たされない。家庭崩壊、両親の不仲、保護者の学習や生活に対する過度な干渉や要求、兄弟の比較、甘やかしや放任、食事も満足につくってもらえない、学校でも心は満たしてくれない、分からない授業の連続、学習成績のみの評価、個の多様化を認めない体制、など。そのような中でたまったAのストレスが外に発散すれば非行やいじめになり、内に籠もれば不登校になると考えられる。自分の存在をアピールしバイクで爆走すれば非行少年として社会からも見放される。今の子ども達は多かれ少なかれこのような状況にさらされている。担任はAの「よさ」を見いだすことに努め、Aの得意とする分野で活動させることで「よさ」を発揮させる。Aにとって「よさ」を発揮することは、たまったストレスを発散することであ

る。「よさ」が発揮させることで級友もＡを認め、Ａも自分がこの学級いなくてはならない人間であることに気づく。さらに、級友が自分にとって必要な大切な存在であることも体験を通して学んでいく。このような状態になったＡは級友を決していじめたりすることはないし、その学級で非行を犯したり崩壊させることはない。

　学級はもちろん、学校をあげて子どもの「よさ」を生かす体験的な活動を根気強く行ない、子どもに問題行動を起こさせない教育をすべきである。

　なお、万が一問題が起こってしまった場合は学校の組織を十分に活用しながら、注意深く対応することが大切である。

（土門能夫）

## 4　「特別活動論」～話し合い活動を重視した学級活動の指導法を求めて～

### はじめに

　近年、我が国の教育上の課題として、いじめ、不登校児童・生徒の増加、学力低下、学校や家庭等での社会体験活動不足、基本的な生活習慣の欠如等が指摘されている。これらの課題解決には、特別活動の果たす役割が不可欠と言える。

　この講義の到達目標としては、教職を目指す学生のために、特別活動の教育的意義、目標、内容、方法等について実践的に指導し、学級担任としての指導力の向上を目指すことを意図している。

　まず初めに、下記の事項を確認した。
　①　特別活動は、教育課程に位置づけられた教育活動であること
　各学校の教育課程（カリキュラム）は、学校教育法施行規則に基づいて、教科、道徳、外国語活動、総合的な学習の時間、特別活動の各領域から構成されている。すなわち、特別活動は教育課程に位置づけられた正規の授

業であり、児童の学校生活において重要な位置を占めていることを確認しておく。

② 特別活動は、児童の望ましい集団活動を通して人間形成を図ろうとする教育活動であること

「特別活動は、その重要な場や機会として、学校教育において望ましい集団活動や体験的な活動を通して、実際の社会で生きて働く社会性を身に付けるなど、児童の人間形成を図る教育活動である。」[1]

③ 特別活動は、多様な活動内容をもつ教育活動であること

特別活動は、学級活動、児童会、クラブ活動、学校行事といったさまざまな集団による多様で実践的な集団活動を通して学習するものである。そのため、取り上げる活動の内容、方法、活動形態、活動期間等が多種多様といえる。

## (1) 特別活動の特質と教育的意義

特別活動は、いくたびかの変遷を経て現在に至っているが、特別活動の特質として、次の点を挙げることができる。

「第1は、集団活動を特質とする」[2] 教育活動であること。

この集団は、単なる遊び集団や仲良しグループではない。それぞれの集団には、活動目標があり、集団を維持しその目標を達成するための方法や手段について、集団の全員が考え、共通の目標の実現を目指して協力して実践していくような集団のことである。集団の各成員は、相互に協力するとともに個性を発揮し合ってその目標の達成を目指すのである。

「第2は、集団による実践的な活動を特質とする」[3] 教育活動であること。

特別活動は、学級や学校の生活において、集団によるさまざまな生活経験や体験活動を通して学習する教育活動である。具体的、実践的な活動を中心として一人一人の児童の心身の調和のとれた発達や個性の伸長、社会性の育成などを目指している。

このようなことを考えると、特別活動の教育的意義としては、次の点を

挙げることもできる。[4)]
　ア　集団の一員として、なすことによって学ぶ活動を通して、自主的、実践的な態度を身に付ける活動である。
　イ　教師と児童及び児童相互の人間的な触れ合いを基盤とする活動である。
　ウ　児童の個性や能力の伸長、協力の精神などの育成を図る活動である。
　エ　各教科、道徳、外国語活動及び総合的な学習の時間などの学習に対して、興味・関心を高める活動である。また、逆に、各教科等で培われた能力などが総合・発展される活動でもある。
　オ　道徳的実践を効果的に展開できる重要な場や機会であることを積極的に生かして、知・徳・体の調和のとれた豊かな人間性や社会性の育成を図る活動である。

(2)　戦後の特別活動の変遷と改訂の要点
　今回の特別活動の改訂をより充実したものにするためにも、これまでの歩み、改訂の要点などをつかんでおくことが重要である。
　①　昭和22【1948】年……「自由研究の時間」における実践
　②　昭和26【1951】年……「教科外活動」としての実践
　③　昭和33【1958】年……「特別教育活動」と「学校行事等」で構成
　④　昭和43【1968】年……「特別活動」への統合
　⑤　昭和52【1977】年……「学校行事」の改善
　⑥　平成元【1989】年……「学級活動」の新設
　⑦　平成10【1998】年……学校週5日制型「特別活動」へ
　⑧　平成20【2008】年の小学校学習指導要領の特別活動の目標は、次のように改訂された。[5)]

> 　望ましい集団活動を通して、心身の調和のとれた発達と個性の伸長を図り、集団の一員としてよりよい生活や人間関係を築こうとする自主的、実践的な態度を育てるとともに、<u>自己の生き方についての考えを深め自己を生かす能力を養う</u>。（傍線筆者）

　「特別活動の目標は、冒頭において特別活動の特質及び方法原理として「①望ましい集団活動の展開と望ましい集団の育成」を示し、以下、具体的な目標として前半では「②個人的な資質の育成」と「③社会的な資質の育成」を挙げ、後半では「④自主的、実践的な態度の育成」と「⑤人間としての生き方の自覚と自己を生かす能力の育成」によって構成されている。」[6]
　その要点は下記の通りである。

### ア　望ましい集団活動の一層の重視

　望ましい集団活動を通して、自主的、実践的な態度を育てることは、特別活動の中心的な目標であり今までと変わらない。「望ましい集団活動を通して」は、「特別活動の指導原理であり、他の教育活動にはない指導の方法である。」[7]
　望ましい集団活動の条件は、下記のコラム１の通りである。

---

**コラム１　望ましい集団活動の条件**

　望ましい集団活動の条件は、次の通りである。
　ア　活動の目標を全員でつくり、その目標について全員が共通の理解をもっている。
　イ　活動の目標を達成するまでの方法や手段などを全員で考え、話し合い、それを協力して実践できること。
　ウ　一人一人が役割を分担し、その役割を全員が共通に理解し、自分の役

> 　割や責任を果たすとともに、活動の目標について振り返り、生かすことができること。
> エ　一人一人の自発的な思いや願いが尊重され、互いの心理的な結びつきが強いこと。
> オ　成員相互の間に所属感や所属意識、連帯感や連帯意識があること。
> カ　集団の中で、互いのよさを認め合うことができ、自由な意見交換や相互の関係が助長されるようになっていること。
>
> (『小学校学習指導要領解説　特別活動編』2008年8月　文部科学省　P.9より)

### イ　人間関係を築く力の重視

今回「人間関係」の文言が加わり、人間関係を築く力をより重視する必要があるため、新たに加えられたのである。特別活動の内容である学級活動、児童会活動、クラブ活動、学校行事のそれぞれの活動を通して、「児童が互いに仲良く助け合い、認め合い、支え合い、高め会うような人間関係を築く力を育てることが重要である。」[8)]

### ウ　道徳的実践の指導の充実

「自己の生き方についての考えを深め、自己を生かす能力を養う」[9)]は、新たに目標に加えられたものである。このことは、特別活動の中で今までにも実践されてきたことであるが、これを道徳教育と結び付け、道徳的実践の場の充実を図っていくことをねらったものである。集団の中でこそ自己を見つめ、自分のよさに気付くことができる。さらに、それから自分をどう生かしていくか、どう高めていくかという自己表現は、よりよい集団活動を通して育成されるものであると考える。

さらに、今回の改訂では、特別活動の全体目標を受けて、各活動・学校行事の目標が以下のように新たに規定され、それぞれの活動を通して育てたい態度や能力が明確になった。

○　学級活動の目標
　　学級活動を通して、望ましい人間関係を形成し、集団の一員として学級や学校におけるよりよい生活づくりに参画し、諸問題を解決しようと

する自主的、実践的な態度や健全な生活態度を育てる。[10]（傍線筆者）
○　児童会活動の目標
　　児童会活動を通して、望ましい人間関係を形成し、集団の一員としてよりよい学校生活づくりに参画し、協力して諸問題を解決しようとする自主的、実践的な態度を育てる。[11]（傍線筆者）
○　クラブ活動の目標
　　クラブ活動を通して、望ましい人間関係を形成し、個性の伸長を図り、集団の一員として協力してよりよいクラブづくりに参画しようとする自主的、実践的な態度を育てる。[12]（傍線筆者）
○　学校行事の目標
　　学校行事を通して、望ましい人間関係を形成し、集団への所属感や連帯感を深め、公共の精神を養い、協力してよりよい学校生活を築こうとする自主的、実践的な態度を育てる。[13]（傍線筆者）
　特に、学級活動については、新たに〔第１学年及び第２学年〕、〔第３学年及び第４学年〕、〔第５学年及び第６学年〕ごとに内容が示され、学級集団の育成上の課題や発達の課題に即して指導内容の重点化を図ることが以下のように求められている。[14]
〔第１学年及び第２学年〕
　学級を単位として、仲良く助け合い学級生活を楽しくするとともに、日常の生活や学習に進んで取り組もうとする態度の育成に資する活動を行うこと。（傍線筆者）
〔第３学年及び第４学年〕
　学級を単位として、協力し合って楽しい学級生活をつくるとともに、日常の生活や学習に意欲的に取り組もうとする態度の育成に資する活動を行うこと。（傍線筆者）
〔第５学年及び第６学年〕
　学級を単位として、信頼し支え合って楽しく豊かな学級や学校の生活をつくるとともに、日常の生活や学習に自主的に取り組もうとする態度の向上に資する活動を行うこと。（傍線筆者）

さらに、すべての学年で取り扱う内容が以下のような〔共通事項〕として示された。特に、例えば異学年の縦割り班の清掃活動や登校班の活動等の集団の一員としての自覚や態度の意識向上を図ったり、清掃などの当番活動の役割や意義の理解を深めたりする内容が加えられた。

〔共通事項〕
(1) 学級や学校の生活づくり
　　ア　学級や学校における生活上の諸問題の解決
　　イ　学級内の組織づくりや仕事の分担処理
　　ウ　学校における多様な集団の生活の向上
(2) 日常の生活や学習への適応及び健康安全
　　ア　希望や目標をもって生きる態度の形成
　　イ　基本的な生活習慣の形成
　　ウ　望ましい人間関係の育成
　　エ　清掃などの当番活動等の役割と働くことの意義の理解
　　オ　学校図書館の利用
　　カ　心身ともに健康で安全な生活態度の形成
　　キ　食育の観点を踏まえた学校給食と望ましい食習慣の形成[15]（傍線筆者）

---

**コラム2**　特別活動と各教科、道徳、外国語活動及び総合的な学習の時間などの指導との関連

　特別活動の指導に当たって、各教科等で育成された能力が十分に活用できるようにするとともに、特別活動で培われた協力的で実践的な態度が各教科等の学習に生かされるように関連を図るということである。特に、道徳的実践の指導の充実が重視される特別活動においては、「自己の生き方についての考えを深め」が道徳と特別活動のいずれの目標にも共通に示されていることを踏まえ、積極的に道徳との関連を図る必要がある。各学校が教育目標の具現化に向けて、特別活動と各教科、道徳、外国語活動、総合的な学習の時間、生徒指導などとの関連を図った独自の全体計画を作成

するためには、学校の実態を十分に考慮した特別活動として何を重視すべきかなど重点目標を定め、それぞれの役割を明確にしておく必要がある。
(『平成20年度小学校新学習指導要領ポイントと学習活動の展開　特別活動』
2008年11月　東洋館　P.35より)

(3)　演習　話し合い活動を重視した学級活動

　学級活動の活動内容は、(1)学級や学校の生活づくりと(2)日常の生活や学習への適応及び健康安全の２つがある。(1)は、ア　学級や学校における生活上の諸問題の解決、主として従前の学級会活動、イ　学級内の組織づくりや仕事の分担処理、主として係活動、ウ　学校における多様な集団の生活の向上、主として集会活動、(2)は、従前の学級指導に関するものであるが、これからの学級活動の指導の進め方としては、学級会と学級指導を「区別するのではなく、学校や児童の実態に応じて」関連づけながら指導することが重要になっていく。すなわち、学級活動(1)の内容についても、(2)の内容についても、「児童の自主的活動」ができるような話し合い活動の充実に努めることなどにより、「両者の弾力的で効果的な指導への配慮」[16]をしていくことである。

　上記のことを踏まえ、１グループ５～６名の計画委員会で話し合った内容のプレゼンテーション（２時間、６グループ×２）、その上での模擬授業と相互評価（３時間、４グループ×３）の実践例を紹介する。

ア　小学校においては、学級会における話し合いの仕方について、司会の仕方など低学年・中学年・高学年の発達段階に即して、きめ細かな指導と援助が必要。[17]
　①　計画委員会の仕事の内容を把握
　　ア　議題を集める。
　　　・提案箱、係、集会活動等などから議題を集める。
　　イ　議題を決める。
　　　・提案理由を確かめたり、修正したりする。

・議題（案）を作成する。
・朝の会等に議題（案）を提案し、全員で決める。
・選ばれなかった議題の生かし方を朝の会等で説明する。
ウ　学級会の計画を立てる。
・学級会のめあてを決める。
・役割分担（進行、司会、副司会、黒板記録、ノート記録）をする。
・原案などを準備する。
エ　学級会の原案を朝の会等で説明する。
オ　学級会の準備をする。
・話し合いの進め方について打合せをする。
・学級会カードを作成する。

例

| 議題 | 「男女が協力できるレクリエーションを計画しよう」 |
|---|---|
| 議題についての自分の考え | |
| 話し合いの柱についての自分の意見 | |
| 柱1　どんなことをするかきめよう。 | |
| 柱2　係の分担をしよう。 | |
| 柱3　グループ分けをしよう。 | |
| 学級会のめあてについての反省 | |
| 感　　想 | |

【学級活動⑴の模擬授業を実施し、計画委員会の役割を体験】
［事例１］第４学年１組　学級活動指導案
1　議題「男女が協力できるレクリェーションを計画しよう」
2　議題について
 ⑴　児童の実態（略）
 ⑵　議題設定の理由（略）
3　評価の観点と評価規準（略）
4　活動計画と評価規準（略）
5　本時の指導
 ⑴　本時のねらい
　　○　男女が協力して活動するレクリェーションを考え、参加意識を高めることができる。
 ⑵　準備・資料　アンケート結果をもとに種目を書いた短冊・係の短冊
 ⑶　展開（ここでは学習活動を中心に係の役割を記述する。）

---

1　はじめのことば（進行）
2　愛唱歌を歌う。（進行）
3　本時の議題と話し合いのめあてを確認する。（進行）
　　・　議題「男女が協力できるレクリェーションを計画しよう」
　　・　話し合いのめあて
　　　　①　進んで自分の意見を発表しよう。
　　　　②　友達の意見を最後まできちんと聞こう。
4　提案理由を確認する。（進行）
5　議題「男女が協力できるレクリェーションを計画しよう」について話し合う。（司会）
　　柱１　どんなことをするかきめよう。
　　柱２　係の分担をしよう。
　　柱３　グループ分けをしよう。
6　決まったことの発表をする。（ノート記録）

```
  7  話し合いの振り返りをする。（副司会）
  8  先生の話を聞く。（進行）
  9  おわりのことば（進行）
```

［事例２］　その他の模擬授業における主な議題の事例
　　　「４年１組の学級のめあてをきめよう」
　　　「私たちにできるボランティア活動について考えよう。」
　　　「運動会のスローガンをきめよう」
　　　「スポーツ大会の計画を立てよう」
　　　「お楽しみ会の計画を立てよう」

イ　学級活動(2)では、アンケート等による問題の意識化や、みんなで協力し合って問題解決しようとする話し合い活動を取り入れた自主的、実践的な活動の工夫が重要
① 児童によるアンケート調査をするなどの自主的、実践的な活動の工夫
　学級活動(2)の指導は、主として学級担任の意図的、計画的な指導によるものであるため、ともすると教師の一方的な押しつけによる児童が受け身の授業になりがちである。アンケートによる調査や調べ学習等を取り入れ、自分たちの問題として受け止め、それらを協力し合って解決しようとする話し合い活動を重視したい。そのためには、導入段階の資料を計画委員会に作成させたり、展開場面では児童の司会による話し合い活動や児童のパネラーの発表を取り入れたりするなどの工夫をしたい。また、「授業後の実践段階において、学習したことをどのように実践していくか工夫させたい。その場合、グループや係ごとに相談させることも大切である。いずれにしても、学習したことが着実に実践されるとともに、よりよい方向に展開していくように仕向けることである。」[18]
　模擬授業でのアンケート調査項目は、以下のようであった。

Q1　携帯電話をもっていますか。
Q2　携帯電話はいつ頃から持ち始めましたか。
Q3　1日の使用時間はどのくらいですか。
Q4　よく使う時間帯は何時頃ですか。
Q5　使用目的はなんですか。
Q6　よく使う機能は何ですか。
Q7　携帯電話について家族と話し合ったことはありますか。
Q8　家族との約束事はありますか。
Q9　フィルタリングはかかっているか。
Q10　携帯電話で何かトラブルはありましたか。
Q11　月々の使用料金はいくらですか。

**【学級活動(2)の模擬授業を実施し、アンケート結果の発表やパネラーの役割を体験】**

［事例１］　第６学年１組　学級活動指導案
1　題材「トラブルに合わない携帯電話の使い方を考えよう」
2　題材について
　(1)　児童の実態（略）
　(2)　題材設定の理由（略）
3　評価の観点と評価規準（略）
4　活動計画と評価規準（略）
5　本時の指導
　(1)　本時のねらい
　　○　携帯電話の利用状況を踏まえ、これからもトラブルに合わずに安全に使用できる携帯電話の使い方を考えることができる。
　(2)　準備・資料　　アンケート結果をまとめた表
　(3)　展開（ここでは学習活動の流れを中心に記述する。）

1 計画委員会で作成したアンケート結果をもとに話し合い、現在の携帯電話の使い方をふりかえる。
2 学習のめあてを設定する。
　学習のめあて「トラブルに合わない携帯電話の使い方を考えよう」
3 テーマについてパネルディスカッションをする。
 (1) パネラーの発表（計画委員会で担当）
　・ 親が携帯電話を持たせたい理由
　・ 携帯電話の危険性！
　・ 親が携帯電話を持たせたくない理由
　・ フィルタリングについて
　・ 親子間のルール
 (2) フロワーの意見を聞き、携帯電話の使い方をまとめる。
　　予想される意見
　・ 携帯電話には危険がある。
　・ 携帯電話は必要になる。
　・ フィルタリングをはずさない。
　・ 親子間の話し合いが重要！
4 自己決定カード「私の携帯電話ルール」を作成する。
　　予想される私の携帯電話ルール
　・ 私は、主に親との連絡に使います。
　・ 勉強中、9時以降は使いません。
　・ フィルタリングははずしません。
　・ 友達や周りの人を傷つけるような使い方はしません。
　・ トラブルに巻き込まれたら、身近な大人にすぐ相談します。

［事例2］　その他の模擬授業における主な題材の事例
　「外で元気に遊ぼう！」「早寝、早起き、朝ごはん」「あいさつからコミュニケーションのスキルを学ぼう」「安全な自転車の乗り方を学ぼう」「たくさんの本を読もう」「雨の日の遊びを工夫しよう」「朝ごはんをしっ

かりと食べよう」「災害時の避難や対応について考えよう」「地震発生時の避難訓練をしよう」「家庭学習の仕方を見直そう」

〔注〕
1）、2）、3）、4）、5）『小学校学習指導要領解説特別活動編』文部科学省　2008年8月　P.15,  P.20, P. 21, P. 21, P. 8
6）渡辺邦雄・緑川哲夫・桑原健一編著『特別活動指導法』日本文教出版　2009年4月　P.20
7）、8）、9）宮川八岐編著『平成20年度改訂小学校教育課程講座特別活動』ぎょうせい　2009年3月　P. 23, P. 22, P. 22
10）、11）、12）、13）『小学校学習指導要領解説特別活動編』文部科学省　2008年8月　P.13
14）『小学校学習指導要領解説特別活動編』文部科学省　2008年8月　P. 33, P. 34
15）『小学校学習指導要領解説特別活動編』文部科学省　2008年8月　P. 35
16）佐々木昭著『特別活動の研究』学文社　1998年3月　P. 122
17）原清治・檜垣公明編著『深く考え、実践する特別活動の創造』学文社　2009年2月　P. 104
18）佐々木昭『特別活動の研究』学文社　1998年3月　P. 126

（阿久津一成）

# 第 7 章

## 「教職実践演習」
―― 事例報告そのⅠ ――

---

渡邊　洋子（常磐大学准教授）
阿久津一成（常磐大学非常勤講師）
土門　能夫（常磐大学非常勤講師）
大内　善一（茨城キリスト教大学教授）

## 1　「教職実践演習」の概要

### (1)　「教職実践演習」のシラバス
「教職実践演習」のシラバスは以下のようになっている。
① 授業の概要
　これまで学んできた教職関係の授業、また、教育実習で課題となったことをもとに、児童理解、学習指導、他者との協力、コミュニケーションの能力、学校教育への理解など教員に求められる実際の場面を設定し、実践的な演習を行う。
② 学習の到達目標
　ア．生徒理解の一層の伸長を図り、実際の教室・学級経営の場で活かすことのできる実践力を身につける。
　イ．対人関係能力・社会性の一層の伸長を図り、互いに学び合う習慣を身につける。
　ウ．自らを省察し、児童理解・使命感・責任感を培う。
　エ．模擬授業を通して、授業実践力を身につける。
　オ．教員として求められる言語力をさらに育成する。
③ 授業の計画　―授業計画表―
第01回　模擬授業日程計画の作成、履修カルテの確認。
第02回　学級活動を考える。プログラム委員会の組織作り。
第03回　学級活動の指導案作成。
第04回　学級活動　公開模擬授業1　1・2番〜3・4番。行った2つの模擬授業の検討・討論、指導助言。
第05回　学級活動　公開模擬授業2　5・6〜7・8番。行った2つの模擬授業の検討・討論、指導助言。
第06回　学級活動　公開模擬授業3　9・10〜11・12番。行った2つの模擬授業の検討・討論、指導助言。

第07回　学級活動　公開模擬授業4　13・14番。行った2つの模擬授業の検討・討論、指導助言。道徳の時間の指導案作成。教材選び。
第08回　道徳の時間の公開模擬授業1　1・2番。行った2つの模擬授業の検討・討論、指導助言。
第09回　道徳の時間の公開模擬授業2　3・4番。行った2つの模擬授業の検討・討論、指導助言。
第10回　道徳の時間の公開模擬授業3　5・6番。行った2つの模擬授業の検討・討論、指導助言。
第11回　道徳の時間の公開模擬授業4　7・8番。行った2つの模擬授業の検討・討論、指導助言。
第12回　道徳の時間の公開模擬授業5　9・10番。行った2つの模擬授業の検討・討論、指導助言。
第13回　道徳の時間の公開模擬授業6　11・12番。行った2つの模擬授業の検討・討論、指導助言。
第14回　道徳の時間の公開模擬授業7　13・14番。行った2つの模擬授業の検討・討論、指導助言。
第15回　これまでの模擬授業全体をとおしての研究発表会。

④　授業時間外の学習

　1回の授業に対し、事前に2単位時間以上の学習が必要である。また、授業後は、授業内容の定着、深化のために1単位時間以上の振り返りが必要である。

⑤　成績の評価方法・基準

　ア．授業へ望む姿勢・態度。
　イ．模擬授業への取り組み状況。
　ウ．模擬授業の内容。
　エ．指導案の内容。
　オ．自身の模擬授業後、「授業記録」提出は必須。
　カ．小学校や中学校で行っている公開授業を参観し、授業観察記録を提出すること。

キ．文部科学省設定の評価規準―教員として必要とされる資質能力を身につけていると認められること。

⑧ 担当者からの一言

この授業は、小学校教諭を目指す学生が、4年生の秋に履修します。演習ですので、4／5以上の出席が必須です。積極的に学び取る時間にしてください。

⑨ 教科書

『小学校学習指導要領』文部科学省。なお、授業で使用する資料はこちらで用意いたします。

(2) 「教職実践演習」(小学校) の特色

① 学級経営能力と道徳教育の充実に重きをおいた資質向上カリキュラム

これまで見てきたように、本課程は「小学校教育実習」で実践的に回数多く教科の模擬授業を行うことを特徴としている。そのため、「教職実践演習」(小学校)では、他大学に比べ、教科を超え、その先の授業研究を行うことが可能となっている。

その結果、シラバスに見られるように、「学級活動」と「道徳の時間」の模擬授業を行うことを中心に据えている。「教職実践演習」は、教職を履修する中で不足している部分の補足を行うことも重要な役割の一つとして掲げられている。学生の多くは2年次に「道徳の理論と実践」を履修しているが、履修人数が多く、一人ひとり模擬授業を行うことのできる環境にない。また、教育実習先で、主に4年次に「道徳の時間」の教壇実習を経験するが、多くの学生にとって、教科の授業に比べ「道徳の時間」の指導は難しく課題が残る結果となっていることが明らかとなった。ま

教職実践演習の様子

# 第7章 「教職実践演習」―事例報告そのⅠ―

た、学級活動に関しては、実際に授業を行う機会が少なく、更に、プログラム委員会を立ち上げて学級を組織的に運営している指導教官に巡り会うことが少なくなっており、指導を仰ぐことは難しくなっている。これらの状況を勘案し、「豊かな心を育む教育」を目指す上で、また、「心の居場所のある学級づくり」を目指すために充実した道徳教育や学級活動を研究し、推進できることは教員としての重要な資質であるととらえ、「教職実践演習」（小学校）で取り上げている。「教職実践演習」（小学校）で取り上げる学級活動に関しては、学級の組織化に主眼を置き、プログラム委員会を学級内に組織し、そのメンバーを中心にして学級の児童を意識的に指導していくことで学級が有機的に活動できる状況をつくる手立てを検討している。シラバスでは単に「学級活動」の模擬授業としか表されていないが、いかに学級を組織化するかということが、通底した課題として取り上げられている。

② 公開模擬授業であること

「教職実践演習」（小学校）は公開模擬授業を原則としている。そのため、学科の2年生や3年生が空き時間のある時には参観に訪れることもある。それと同時に、2クラス開講の「教職実践演習」をそれぞれ別の時間帯に開講しているため、4年生で「教職実践演習」（小学校）のAクラスを履修している学生が、

教職実践演習の様子
「道徳の時間」の模擬授業

「教職実践演習」（小学校）のBクラスの授業を参観している姿がよく見られる。逆にBクラスの学生も、Aクラスの授業を参観している。模擬授業を受ける児童役として、授業に参加している場合がほとんどである。これはまったく学生の自主的な行動であり、予測していなかった事態であった。学生に週2回「教職実践演習」（小学校）に出ることは負担ではない

かと尋ねると、「模擬授業は担当者が違えば、内容が異なり、非常にためになる。しかも、面白いので参加している。まったく負担ではない。」と「教職実践演習」の価値に学生自身が気づいていることを、逆に指摘される形となった。

③　公開模擬授業のビデオ撮影と授業研究
　「教職実践演習」（小学校）の公開模擬授業は、学生同士で役割を分担し、すべての模擬授業をビデオ撮影している。学生は、自分の行った「学級活動」の模擬授業と「道徳の時間」の模擬授業のビデオデータを受け取り、発問、児童に扮する学生の発言、授業内容をすべて文字に起こし、分析し、最終的に、成果と課題を含め、２本のレポートとして提出している。
　実践的指導力を養っていくためには、常に自分の指導の姿勢を振り返り、児童の実態に合わせた次の工夫や研究をしていくことが求められる。そのサイクルの重要性を学生時代に身をもって体験し、教員となった後も、自分自身の授業を分析し、授業改善に取り組む習慣を身につけていることが望ましいと考え、この課題を課している。

④　公開授業研究会への参加
　「小学校教育実習」履修中の２年次秋と３年次秋に、外部の小学校で授業参観を行っている。この経験から、良い指導者の授業を参観することが自分の授業を変える契機になるということを、学生は切実な思いで感じ取っている。そのため、「４年次も授業参観に行けませんか」と学生から要求が出された。そこで、学生と相談し、教員になってからも自主的に公開授業研究会に申し込み、参加する習慣を持ってほしいとの願いを込め、「教職実践演習」（小学校）の授業参観は各自で公開授業研究会を調べ、自主的に参加することを提案したところ、積極的に受けとめ、その方法で行うことになった。「小学校教育実習」の授業参観でレポートにまとめてきているのと同様に、各自、公開授業研究に参加した後、参観して考えた内容をレポートにまとめ提出している。

| コラム | 将来への投資 |
| --- | --- |

　学生時代は、「将来への投資」という言葉は比較的理解しやすい。勉強はまさにそのためのものだと感じる学生も多いことだろう。自分を磨くことになると思えば、少し足が重くても今頑張った方が良いのではないかと感じて自分から頑張ろうとする。

　さて、これが教員になるとどうだろう。「将来への投資」という言葉の持つ透明感が少し陰って見えてくる。教員という職について、「将来への投資」と思っていた将来に既になっている感じがするからだろうか。

　現状に満足するからだろうか？　いや、忙しすぎて、そんなことをゆっくり考える暇すらなくなってしまうためかも知れない。ほとんどの初任者には、初任者研修が用意されている。自ら望まなくても、悉皆（シッカイ「ことごとく全員」という意味）研修であるため、研修が必要だと感じている身でも食傷気味になる程、研修の機会が与えられている。研修に出るより、教室で仕事をしたい、明日の授業の準備をしたいという気持ちもわいてくる。

　1年目はそれでももちろん研修に参加するが、2年目、3年目となると、「研修」「研修」と声高に指摘されればされるほど、忙しい毎日は何も変わらないので、必ず参加しなければ行けない研修会以外の研修会は「そんな余裕ない」「それより、明日の授業の準備だ」「体調がすっきりしないから」と、選択の順番が変わってくる。

　この状況のまま5年たち、10年たつとどうなるのだろうか。「将来への投資」という言葉を忘れる程、日常に埋没してしまう。なぜか、それでも毎日が恐ろしいほど忙しいからだ。

　教員は、「暇になったら少しやろう」とか、「時間が空いた時に取り組もう」と思ったら、そこに落とし穴があることを自覚しなければいけない。なぜなら、毎日毎日息つく暇もないほど忙しくて、いや、きちんとやろうとすればするほど仕事が湧いてきて、終わることなんてないからだ。仕事が始まってみればすぐにわかる。「少し暇ができたら」という気休めは意味をなさない。

　一番良いのは、有効な研修会をピックアップしておいて、反射のように、その時間になったら定期的にそこに通うように仕向けておくことだ。もしくは、かなり意識的に研修会の重要度を上げて、目の前に積まれた仕事より研修会参加を優先させることだ。

　そのくらいに考えておかないと、日常に、いや自己に埋没してしまう。

> 行く場所に行けば、志の高い、素晴らしい人はいくらでもいるものだ。そういう人に出会えるのが自主的な研修会である。「将来への投資」のために、自分のために、意識の高い人たちと触れ合い、学ぶ場をいつも確保しておこう。

(渡邊洋子)

## 2 指導の実際と課題

### (1) 「道徳の時間」の指導

　学生が教育実習の場や初任の教員として「道徳の時間」を展開する場合の戸惑いは大きい。教科書もなく、何を指導するのかもよく分からず、ましてやその効果などもすぐに知ることが出来ない、やっかいな時間である。この「道徳の時間」の指導に当たって、まず知っておくべきことについて以下に示すことにする。

#### ① 道徳の時間は何をする時間か

　学校における道徳教育は教科・領域だけに止まらず、子ども達の学校生活全般において行われるものである。それらの中には、教師の直接的指導によって人間の生き方を指し示すものもある。「朝学校に来たら、おはようと言おう」などと指導し、教師自らが範を示すことはそれである。また学級で教師が子ども達に「遅刻をしてはいけない」、「人をいじめたりしてはいけない」と注意したり指導したりするのもそれである。これらの指導は「躾」という言葉があるように、子どもに人間としての生き方を身に付けさせるために決して悪い方法ではない。しかし、これらは子どもにとってはあくまでも外から押しつけられた道徳であり、他律的なものである。

　「道徳の時間」では前述のような教師による直接的な指導は避けなければならない。なぜならば「道徳の時間」は子どもが主体的・自律的に道徳性を獲得していく時間だからである。

学習指導要領では道徳教育の目標として子どもに養う道徳性を道徳的心情、道徳的判断力、道徳的実践意欲と態度とし、「道徳の時間においては、……各教科、外国語教育、総合的な学習の時間及び特別活動における道徳教育と密接な関連を図りながら、計画的、発展的な指導によってこれを補充、深化、統合し、道徳的価値の自覚及び自己の生き方についての考えを深め、道徳的実践力を育成するものとする。」[1]と述べている。

　さらに、瀬戸真氏は道徳の時間を「より高められた価値観に照らして、今までの自分はどうであったかを見つめる時間です。(道徳的価値を主体的に自覚させる時間)」[2]とも述べている。

② どのようにして道徳性を獲得させるか

　それでは「道徳の時間」において、どのようにして子ども達に主体的に道徳性を獲得させていけばよいのだろうか。このことを知らないと、闇雲に授業を展開することになってしまう。

　滝沢武久氏は、人が知識を獲得するためのプロセスとして社会的相互作用の重要性をあげ、次のように述べている。「何人かの子どもたちがそれぞれ異なる視点のもとで、異なる考えを出し合うとき、当然そこに葛藤関係があらわれる。これは、異なる個人の認知構造間に生じた不均衡場面であって、こういう場面には個人内の認知構造の葛藤よりも、いっそう強力に知的発達を促す要因が含まれているに違いない。」[3] 社会的相互作用とは子ども同士の関わり合いである。道徳の時間では「話し合い」や「ロールプレー」などがそれにあたり、そのような行為の中で子どもが自らの道徳的考え方や見方を変えていくのである。例えば隣の席の子が物を落とした場面を想定しよう。子どものその際とる行為はどの子も「拾ってあげる」という行為であったとしよう。しかし、その行為の根底にある動機はそれぞれの子どもによって少しずつ異なる。「先生に誉めてもらいたいから」と思って物を拾ってあげた子は、「落とした子が困っているから」という理由で拾ってあげた子の考え方を聞くことによって、「こんな考え方もあるのか」と思うに違いない。このように道徳の時間においては、資料

に基づく「話し合い」などを通して、子ども同士の関わり合いを多く持たせ、その中で自分のもつ道徳的考え方と友人のそれを自然の内に比べさせ、認知的葛藤を起こさせ、より高いと思われる道徳的考え方を自ら獲得させることをねらいとしているのである。

### ③ 道徳の時間の基本的な指導過程

瀬戸真氏は道徳の時間の基本的な指導過程として、下の図のような過程を踏まえることが適切だとしている。[4]

図

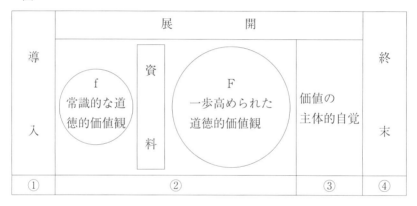

その内容は概ね次のとおりである。

①では　・雰囲気づくり　　・資料へ資料名への導入
　　　　・ねらいとする価値への方向づけ

②では　資料をもとに話し合いをすることで多様な考え方、感じ方、価値観に触れさせ、自らの価値観より一歩高い価値観を実感できるようにする時間。

③では　資料から離れ、②において高められた価値観に照らして、今までの自分がどうであったかを見つめる時間、今の自分を知る時間。

④では　教師の説話、ことわざ、格言などで価値への関心の継続を図る。
　　　・意欲づけを図ることや行為に結び付けること、決意表明を求めることはしてはならない。

　瀬戸氏は価値を主体的に自覚させるために、③の段階で今までの自分がどうであったかを見つめることが大切であると述べ、資料を離れて生活に戻ることを指導過程の重要な点であるとしている。

　しかし、村上敏治氏の指導過程論によれば「道徳指導において一定の資料が活用されたとき、資料の提供する問題を追求する過程において、何らかの意味と程度において、「自己」の問題を組み入れる余地を持っている。したがって、指導過程を段階づけて生活－資料－生活とか、資料－生活とかいうように型をかたちづくることは無意味である。ましてや導入段階や終末段階で、生活経験について話し合いをさせるなどということも積極的意義を有しない。」5)と述べている。

　「道徳の時間」の指導過程にはこの他にも種々の考え方がある。いずれにしても子ども同士が活発に話し合うなど、子ども同士が相互に関わることにより、自分以外の多様な価値観に触れることが最も大切なことである。道徳の時間をある型にはめていくと、どうしても形骸化していく恐れがある。この点に気を付け多様な方法で道徳の時間を展開していきたい。

④　よい資料、よい発問とは
ア　よい資料とは
　道徳の資料集や資料は数多くあり、数多くの読み物資料、視聴覚資料などを教師は簡単に手に入れることが出来る。しかし、実際に自分の学級の子どもにあう資料を選ぶとなると、数が多いだけに真面目に子どものことを考える教師ほど、選ぶのには苦労をするはずである。
　資料を選ぶ際は、教師自身がまず感動や共感出来る資料であることが大切である。子ども達の話し合いなどから価値葛藤場面をつくりだし、新たにより高い道徳性を子ども達に獲得させるために、次のような教材を選ぶことが大切である。
・人間尊重の精神にかなうもの
・ねらいを達成するのにふさわしいもの
・児童の興味や関心、発達の段階に応じたもの
・多様な価値観が引き出され深く考えることができるもの
・特定の価値観に偏しない中立的なもの
　　　　　　　　　　　　　（以上『学習指導要領解説　道徳編』より）
・読み物・視聴覚教材などの特質を生かした資料
・時間内で取り扱える資料
・具体性をもった資料　　　　など

　さらに、子どもの実態に即するために、教師自らが道徳資料を作成することも大切である。そのために、新聞記事やテレビ番組、インターネットにおける記載事項などに常に関心を持ち続けたいものである。
　子ども達の実際の生活を道徳の資料とする教師もあるが、教師による直接的な指導になる恐れがあり、子どもの本音も出にくい。学級に起きている直接的な問題などについては道徳の時間では避けるべきである。
　この他、教材については『学習指導要領解説　道徳編』に詳しく述べられている。参照したい。

イ　よい発問とは

　発問をする際、注意することは、児童・生徒を資料中の主人公に「共感」させることにより、児童・生徒のもつ多様な価値観（本音）を主人公の言葉として表出させることである。例えば「リス君（主人公）はどんなふうに思ったかな。」と発問することである。子どもはリス君の思いとして発言する。しかし、それは子ども自身の考え方に他ならないわけである。子どもに対して「君はどんなふうに思ったかな」などの発問では子どもの本音を引き出すことが出来ず、避けるべきである。

　発問は本時の価値にせまる中心発問と中心発問がより効果的になるための２、３の発問に大きく分けることが出来る。中心発問は、ねらいとする価値が一番高まった箇所、児童・生徒の感動がいちばん盛り上がる箇所、多様な考え・感じ方・価値観が引き出せる箇所において発せられるものであり、前述③の指導過程によれば②の展開部前半ということになろう。

---

### コラム　　授業時数は本当？

　文部科学省は平成24年度に「道徳教育実施状況調査」を行い、学校に於ける道徳教育への取り組みについて実態を明らかにした。その結果、平成23年度の「道徳の時間」の年間平均授業数は小学校で35.7時間、中学校で35.1時間であることがわかった。標準時間を小・中ともにクリアしてる。しかし、長く現場にいた私には「本当にこれだけの時間、実施されているのであろうか。」という疑問が湧く。

　特に中学校の数は本当であろうか。「道徳の時間」と担任は一応カウントしているが、その実態は教科指導であったり、特別活動であったりしてはいないのだろうか。

　同調査では、「道徳の時間」を実施する上での課題も問うている。その結果、一番多いのが「指導の効果を把握することが困難である」(46.8％)である。二番目に多いのは「効果的な指導方法が分からない」(35.2％)である。なるほど人間の心がどのように変わったか、簡単に見極めることは難しいし、すぐに人の心を変える効果的な指導法などあろうはずもない。子どもの心の変化を簡単に起こすように教え込む「道徳の時間」な

ど、かえって恐ろしい。
　「道徳の時間」が着実に行われない（と筆者は思っているのだが）理由も、上記の二問の結果に表れていると思う。私は教師も世間も結果を急ぎすぎると思う。結果を急ぐと教え込みとなり、かつての「修身」のようになる。道徳の時間は「主体的・自律的に道徳性を獲得していく時間」なのである。そのような「道徳の時間」の特質を踏まえるとともに自らの教育を信じて、効果はすぐには見えなくとも、子ども達同士の相互作用によって認知葛藤が起こるような授業を常に工夫し、地道に努力していく他はない。

⑤　学生の模擬授業

　「教育実践演習」においては上記(1)～(4)の簡単な指導の後、学生が模擬授業を行った。以下は模擬授業における指導案である。

　　　　　　　　　　　　　　　　　　　　　3学年1組　道徳指導案
　　　　　　　　　　　　　　　　　　　　　　　　指導者　〇〇　〇〇

1．主題名　内容項目4－(1)　公徳心、規律の尊重　（「黄色いかさ」）
2．ねらい　みんなが使うものを大切にし、人に迷惑をかけない態度を養う。
3．主題設定の理由
　ア　ねらいとする価値について
　　　自分のものはだいじに使ったり、工夫して活用したりすることは多く見られる。しかし、公共のものや施設などについては、その使い方は自分勝手であったり、みんなで使うから大切にしようというような気持ちが欠けたりしがちである。社会生活を営むうえで、公徳を守り、公共物を大切にする気持ちを十分に持ち、実践化していくことは重要なことである。
　イ　児童の実態
　　　みんなの使うものは大切にしなければいけないということは、多く

の児童は理解している。だが、実際の行動はそのとおりにいかない場合が多い。その理由は、公共物というもののほんとうの目的や公徳をまもらないときの影響などに対する認識、自覚が不十分であるからだと考えられる。児童はこれまでに社会科の地域学習で公共物について学習している。
ウ　資料について（「黄色いかさ」　作：前川直也）
　　駅の改札口にあるだれでも自由に使える黄色いかさが、心ない人たちによって返されないままになっている。大助もその一人であった。そんな大助が、おばあさんの困る姿を通して、自分の行為を反省する話である。
　　本資料の主人公である大助の気持ちの移り変わりを追うことによって、ねらいである公徳心を育みたい。
4．本時の指導
(1)　準備物　ワークシート、短冊、登場人物絵、場面絵
(2)　展開

| 過程 | 学習活動・内容 | 指導上の留意点 |
| --- | --- | --- |
| 導入 | 1　いろいろな人たちがみんな使うものにはどんなものがあるか話し合う。<br>(1)　いろいろな人たちが一緒に使ったり、交代で使ったりするものには、何がありますか。<br>・駅のトイレ<br>・図書館<br>・駅やバス停 | |
| 展開 | 2　「黄色いかさ」を読んで話し合う。<br>(1)　駅の黄色いかさを借りて家に帰った時の大助の気持 | ○茂や大助のお母さんとの会話から、当然のよう |

| | | | |
|---|---|---|---|
| | | ちを考えよう。<br>・駅のかさのおかげでぬれずにすんだ。<br>・かさを使えてラッキー。<br>・だれでも使っていいかさだから、使って当たり前だ。 | に黄色いかさを使っている大助の気持ちをとらえられるようにする。 |
| | | (2) お母さんに返すように注意された時、大助の気持ちを考えよう。<br>・わかっているよ、そのうち返すよ。<br>・自分が返さなくたって、他の人が返すからかさはなくならないから大丈夫だよ。<br>・めんどうだな、あとで返そう。 | ○大助の自分勝手な思いに気付くようにする。 |
| | | (3) おばあさんが困っているのを見た時の大助の気持ちを考えよう。<br>・お母さんに言われた時に、すぐ返せばよかった。<br>・自分勝手に使って、おばあちゃんを困らせてしまった。 | ○自分の行為を振り返って反省する大助の気持ちを感じ取るようにする。<br>評おばあさんの困っている様子を見た時の大助の気持ちを共感的に考えられたか。 |
| 終末 | | (4) そのあと大助はどんな行動をとったか考えてみよう。<br>・すぐに家に戻ってかさを返した。<br>・おばあさんにあやまって、かさに入れてあげて一緒に帰った。 | ○資料を最後まで読み切らず、(3)の発問と関連づけながら反省している大助がどんな行動をしたのか考えられるようにする。 |

第7章　「教職実践演習」─事例報告そのⅠ─

〔主な参考図書〕
1）小学校学習指導要領解説　道徳編　P. 29　文部科学省
2）瀬戸真編著『新道徳教育実践講座1「自己をみつめる」』1986年9月　P. 11
3）瀬戸真編著『新道徳教育実践講座2「道徳の体験と行為」』1987年3月　P. 42
4）瀬戸真編著『新道徳教育実践講座1「自己をみつめる」』1986年9月　P. 17
　　　　　　　　　　　　　　　　　　　2）～4）教育開発研究所
5）村上敏治著『道徳教育の構造』1973年　明治図書　P. 123

(土門能夫)


(2)　教師の話、学級経営案づくり、学級会の進め方を通して

　この講義は、小学校教諭を目指す学生が4年生時に履修し、まもなく着任するであろう教育現場を理解し、新採教員としての実践力を身に付けることを目指している。
　そのためにも、これまでに学んできた教職関係の授業や教育実習で課題になったことをもとに、学習指導・保護者対応・児童理解・学級経営など教師に求められる実際の場面を設定し、実践的な演習に重点を置いて講義を進めてきた。
　また、授業の到達目標を下記のように設定し、実践に努めた。
○　児童理解の一層の伸長を図り、実際の教室や学級経営の場で生かすとのできる実践力を身に付ける。
○　対人関係能力・社会性の一層の伸長を図り、互いに学び合う習慣を身に付ける。
○　自らを省察し、児童理解・使命感・責任感を培う。
○　模擬授業を通して、授業実践力を身に付ける。
○　教員として求められる言語力をさらに育成する。

① 演習　教師は話すことの「専門職」
　教育は実践である。「教師から話すという手段を取り去ったら、教師の仕事は成立しない。」[1] 教師の一言が児童の心に刻み込まれ、児童のその

後の人生に大きな影響を与えた事実は、著名人の対談や伝記の中に数多く認められる。

　私の経験では、特に夢や希望、自信をもたせる話をしてあげると児童の反応がよかった。それから、私が感動したことを飾らずに、自然体で話ができたと思うとき、児童も感動し、自然と拍手がわき上がってきたように思う。

　毎月の全校朝会の話では、特に意を注いで取り組んだことが思い出される。なんと言っても、話の素材の善し悪しが決め手である。話題は、個人の経験や体験には限界があり、どうしても新聞や書物の中に話題を求める必要が生じてくる。下記の平成25年9月15日（日）付け茨城新聞記事の一部は学生に講話を実演した内容の素材である。


○　2020年聖火再び日本に。佐藤真海さんのプレゼンに感動。

　冒頭で高円宮妃久子様が国際オリンピック委員会の被災地復興支援に対する謝意を伝えた。続いて、宮城県気仙沼市出身のパラリンピック陸上選手佐藤真海さんが登場した。大学時の骨肉腫による右足の切断、故郷の震災の被災という困難を「スポーツの力」で乗り越えたことを表情豊かにプレゼン。自信に満ちた表情、その明るさ、人間としての強さに感動。


○　新型ロケット「イプシロン」再挑戦打ち上げ成功に感動。

　日本の12年ぶりの新型ロケット「イプシロン」が鹿児島県の内之浦から打ち上げられた。イプシロンは、小惑星探査機「はやぶさ」を打ち上げたM5ロケットの後継機。ギリシャ文字のイプシロンは、数学で「非常に小さい」量を表す。「小さくても存在感がある」「大きな物にも負けない」「われわれが世界を変えよう」という開発チームの野心がうかがえる。故糸川英男博士らが1950年から開発した固体燃料による日本のロケット技術を集体成し、コスト削減や打ち上げシステムの簡素化を実現した。日本のロケットは、液体燃料を主な推進力とする主力のH2A、H2Bの種子島と内之浦の2本立てに戻った。

私は、つくば市千現の宇宙センター隣に2年間住んでいたこともあり、打ち上げを実況中継するパブリックビューイングの開催に感動した。

② 演習 学級経営案づくりの要点

学級経営とは、学校の教育目標を具現化するために、「学級を基本の組織として展開される教育活動の計画、実施およびその結果の評価の過程とこれに関する学級担任のすべての職務活動を総称する。」[2] そこでは、計画（Plan）→実践（Do）→評価（Check）→改善（Action）の学校マネジメント・サイクルの機能をうまく取り入れて学級づくりを進めることが大切である。

学級づくりの機能には大きく分けて、児童の知的・技能的な学習要求に応えて、価値の形成を図るという「学習集団としての側面」と人間相互の関係や、規律の形成を図るという「生活集団としての側面」の2つの側面がある。平たく言うと、学級づくりとは、最初「群れ」の状態の児童を「団」つまり「チーム」という「課題解決集団」[3]に育てる営みである。

③ 学級経営の内容

学級経営の主な職務活動の概略は、以下のようである。
ア　学級経営計画に関わること
　　・学級目標の設定　　　・学級経営案の作成
　　・学級組織の編成　　　・学級経営の評価と改善　等
イ　学習環境に関わること
　　・教室環境（温度、採光・照明、通風）の調整
　　・教室の美化　　　・教室内外の学習環境の整備　等
ウ　家庭との連携に関わること
　　・保護者、ＰＴＡ、地域との連携
　　・学年・学校との連絡・調整　等
エ　学習指導に関わること
　　・学習に対する適応能力を高める指導

・　朝の自習や読書等の学習の支援　等
オ　生活指導（生徒指導）に関わること
　　　・　児童一人一人の適切な理解
　　　・　教育相談の実施
　　　・　児童の自発的活動を助長するルールづくり
　　　・　教師と児童、望ましい学級の雰囲気づくり
　　　・　教師と児童、児童相互の好ましい人間関係づくり
　　　・　学級集団づくり　等
カ　進路指導に関わること
　　　・　在り方や生き方についての指導
　　　・　進路情報の提供
　　　・　三者面談の実施　等
キ　学級事務に関わること
　　　・　諸表簿の整理、備品の管理　等

④　学級経営案づくりの要点
　学級担任は、学校経営方針と学年経営方針や学級の児童の実態の上に立って、学級経営の方針づくりや学級経営の重点づくりを行い、学級経営の構想を立案する。
　学級経営の方針では、一年間の学級経営の中で、学級の教育目標の設定を含め、学級の児童の生活・教科や領域の指導でどんな点に力を入れて実践していくか、基本的な方向の大枠を明らかにする。
○　学級の教育目標の設定と具現化
　・学校・学年の教育目標を受けて具体的に設定する。
　・どのような場と機会にどのような指導をするか。
○　望ましい学級集団づくり
　・座席、学習・生活グループ、朝の会等望ましい学級集団づくりの基本構想と対策

○ 教科・領域の学力向上
・基礎基本の徹底、学習の仕方や習慣を身に付ける等、指導法を含めた重点
○ 教室環境づくり
・基本的生活習慣の定着化や学習意欲の喚起に影響を及ぼす環境づくりの構想

---

**コラム1　学級の実態のとらえ方**

　学級の実態把握は、学級の児童の特色と家族の状態の両面を明らかにする。
① 学級の児童の特色　（傍線部分筆者追加）
　○担任歴　　○在籍数　・男女の比率
　○児童の資質　・指導要録・学力偏差値・発表能力・優秀児・学力不振児
　○児童の性向　・乱暴な子・孤立児（いじめっ子、いじめられっ子）
　　　　　　　　・情緒不安定な子・リーダー的資質をもつ子
　○交友関係　・集団の構造・男女関係・集団からはみだす子（反社会、非社会的傾向の子）
　○健康状況　・病虚弱児・身心に障害がある子・アレルギーのある子
　○その他　　・長所、短所の全体傾向・勤労生産に対する活動の仕方
　　　　　　　・要、準保護児童等
② 家庭の状況
　○父母の職業　・留守家庭(本人の記録の欄に両親の勤務先の電話番号)
　　　　　　　　・母子、父子、両親なしの家庭・非常時の緊急連絡先
　○家庭生活　・住宅の状況・学習環境
　○通学距離と通学の方法　○教育に対する関心等
　　　　　　　（『学級経営ハンドブック』茨城県教育研究会学級経営研究部
　　　　　　　　　　　　　　　　　　　　　　1989年2月　P.29より）

| コラム2 | 学級経営案（例） |

平成○○年度　第○学年○組　学級経営案
担　任　氏　　　名　　　　印
1　学級経営の基盤
　(1)　学校・学年の教育目標
　(2)　学級の実態
2　学級の教育目標と経営方針
　(1)　学級の教育目標
　(2)　経営方針（どのような児童を育てたいか、どのような学級にしたいか、学級における人間関係、学習指導、生徒指導面の経営の基調になることを押さえる。）
3　経営の重点
　(1)　学級の組織……係活動、児童会・生徒会との関係、座席など
　(2)　児童生徒の理解……理解の観点、方法、調査・検査の時期と利用について、問題のある児童生徒の指導、教育相談など
　(3)　学級集団の育成……小集団編成の基本的観点、編成の方法（学習グループ、生活グループ）役割分担など
　(4)　教育環境の整備……環境整備の観点、児童生徒の参加について、掲示の方法、係コーナーの活用、安全と健康など
　(5)　基本的生活習慣の指導……生活目標との関連、各教科・道徳・特別活動・総合的な学習の時間との関係、指導の場と方法など
　(6)　家庭との連携……家庭訪問、学年・学級だより、ＰＴＡ、授業参観など
　(7)　学級事務の処理……事務の内容、処理の方法など
　(8)　学級経営の評価と改善……評価の観点、時期、方法、評価の活用など
4　年間指導計画（月別予定表、指導観察記録）
（『平成21年度 教員ハンドブック』茨城県教育委員会　2009年3月　P.24より）

⑤　演習：学級会の進め方

　学級活動(1)の演習「学級会の進め方（4時間）」で取り扱った議題事例としては、「お楽しみ集会をしよう」「遠足でのおやつタイムの約束ごとを

話し合おう」「クラスの仲を深めるレクリエーションをしよう。」「クラス図書館を作ろう」であった。経験から、自発的、自治的な学級会を活発にしていくためには、発達段階に応じて計画委員の司会グループ（進行係、司会、副司会）に学級会の活動計画書を作成させ、適切な指導・助言を積み重ねながら司会者を育成していくことが重要である。参考に、学生の作成した司会グループの活動計画書（一部修正）の事例を紹介しておく。

第4回　第4学年1組　学級会の活動計画　10月22日（火）4校時

| 議　題 | クラスの仲を深めるレクリエーションをしよう。 | | |
|---|---|---|---|
| 提案理由 | みんなと協力して計画を立てたレクリエーションをすることによって、クラスの仲をもっと深めたいと思ったからです。 | 提案者 | 髙橋さん |
| 話し合いのめあて | ① 進んで自分の意見を発表しよう。<br>② 友達の意見を最後まできちんと聞こう。 | | |
| 係 | 進行　駒田 | 司　会　相田さん | 黒板記録 |
|  |  | 副司会　黒柳さん | ノート記録 |

| | | | |
|---|---|---|---|
| 進 | 1　はじめのことば | これから第4回学級会を始めます。 | |
| 進 | 2　歌 | 　初めに「まっかな秋」を歌いましょう。指揮は佐野さん、伴奏は黒柳さんです。準備をお願いします。起立してください。着席してください。 | |
| 進 | 3　係の紹介 | 　今日の司会は相田さんです。副司会の黒柳 | |

| | | | |
|---|---|---|---|
| | | | さん。黒板記録の〜さん、ノート記録の〜さん。そして、進行の私、駒田です。 |
| 進 | 4 | 議題の確認 | 次に、今日の議題を確認します。議題は、「クラスの仲を深めるレクリェーションをしよう。」です。 |
| 進提 | 5 | 提案理由の説明 | 提案理由の説明を高橋さんお願いします。はい。提案理由は、「みんなと協力して計画を立てたリクリェーションをして、クラスの仲をもっと深めたいと考えたからです。どんな内容の種目にするか、どんなルールにするか、チーム分けをどうするか、などを考えてほしいです。 |
| 進 | | | ありがとうございました。高橋さんの提案理由について、何か質問がありますか。なければ、話し合いにうつります。 |
| 進 | 6 | 話し合いのめあてと決まっていることの確認 | 今日の学級会のめあては、「①進んで自分の意見を発表しよう。②友達の意見を最後まできちんと聞こう。」です。みなさん、しっかり話し合いをしましょう。今まで決まっていることは手元の提案資料をみてください。よろしいですか。それでは話し合いに入ります。司会は相田さん、副司会は黒柳さんです。よろしくお願いします。 |
| 司副 | 7 | 話し合い | 司会の相田です。よろしくお願いします。副司会の黒柳です。今日話し合うことは、「柱１では、どんなことをするかを決めます。「企画Ａドッチボール」、「企画Ｂけいどろ」、「企画Ｃ宝探し」のどれにするか意見を |

| | | |
|---|---|---|
| 司 | 柱1　どんなことをするか決めよう | 聞きます。次に、柱2では、ルールはどうするか。柱3では、チームの分け方はどうするか。」です。<br>　まずはじめに、「柱1のどんなことをするか」について話し合います。柱1の企画A「ドッチボール」、B「けいどろ」、C「宝探し」案のこれらについて、意見のある人は発表してください。<br>　柱1では、企画〜にきまりました。 |
| 司 | 柱2　ルールはどうするか | 　次に、「柱2のルールはどうするか。」について話し合います。意見のある人は発表してください。<br>　柱2では、〜ということにきまりました。 |
| 司 | 柱3　チーム分けをしよう | 　最後に、「柱3のチームの分け方はどうするか。」について話し合います。意見のある人は発表してください。<br>　柱3では、〜ということにきまりました。これで、今日の話し合いを終わります。 |
| 司<br>進 | | 　司会の相田さん、どうもありがとうございました。<br>　それでは、今日の学級会で決まったことをノート書記の〜さんに発表してもらいます。〜さん、お願いします。 |
| ノ | 8　決まったことの確認 | 　今日の学級会で決まったことを発表します。柱1の「どんなことをするか決めよう。」では、〜と決まりました。柱2の「ルールはどうするか。」では、〜と決まりました。柱3の「チーム分けをしよう。」では、〜と決まりました。 |

| 進 | 9 話し合いの反省 | 今日の学級会のMVPを副司会の黒柳さんに発表してもらいます。<br>　今日の学級会での「①進んで自分の意見を発表しよう。」のMVPは～さんと～さんです。今日の学級会での「②友達の意見を最後まできちんと聞こう。」のMVPは～さんと～さんです。この次の学級会でもいい意見をたくさん発表してほしいと思います。 |
|---|---|---|
| 進 | 10 振り返り | それでは、今日の学級会について振り返り、学級会ノートに書きましょう。 |
| 進 | 11 先生の話 | 先生の話をお願いします。<br>先生、ありがとうございました。 |
| 進 | 12 終わりのことば | これで第4回学級会を終わりにします。みなさんありがとうございました。 |

〈司会グループの反省〉

| 1　今日の議題はよかったか。 | □よかった。　□もう少し考えた方がよかった。 |
|---|---|
| 2　話し合いの柱や順序はよかったか。 | □よかった。　□もう少し考えた方がよかった。 |
| 3　提案理由やめあてにそって進めることができたか。 | □よくできた。□できた。□できなかった。 |
| 4　賛成や反対意見を整理しながら進めたか。 | □よくできた。□できた。□できなかった。 |
| 5　自分の係をしっかりできたか。 | □よくできた。□できた。□できなかった。 |

| 6　グループのみんなで協力して進められたか。 | □よくできた。□できた。□できなかった。 |
|---|---|

〔注〕
1）家本芳郎著『教師のための「話術」入門』高文研　1991年3月　P.13
2）永岡順共編『新学校教育全集22学級・学年経営』ぎょうせい　1995年1月　P.203
3）赤坂真二著『学級を最高のチームにする極意』明治図書　2013年2月　P.16

（阿久津一成）

## (3)　「学級通信」の役割と意義

　学級通信の役割と意義を以下に列挙してみよう。
① 　学級通信は、学校（学級担任）と家庭と子どもとの三者をつなぐ場である。
② 　学級通信は、学校（学級）で生活する子どもたちの様子を家庭に知らせ、学校教育（学級経営）への理解を深めてもらう手段である。
③ 　学級通信は、学級担任の教育的意図を保護者や子どもに伝える有力な媒材である。
④ 　学級通信は、学級担任に対する保護者の信頼感を高める。
⑤ 　学級通信は、学級経営を支える一つの有力な手段である。
⑥ 　学級通信は、学級担任の子どもをみる目を鍛え、文章修業となる。

　保護者は我が子が学校でどのような生活をしているかをほとんど知ることができない。子どもの話を通してしか学校での我が子の様子が分からない。そのために、保護者は時として一部の誤まれる情報によって学校や教師に対して不安や不信感を抱くことがある。それが学校不信の元凶となることがある。
　学級通信はこのような事態に陥ることを未然に防ぎ、学校教育や学級経

営の成果を十全なものとするための手立ての一つとなる。

　学級通信の発刊には、学級担任にとって相応の労力と負担を伴う。

　学級通信の発刊は毎週のように行われる場合もあれば、月に一度の場合もある。しかし、中には毎日のように発刊されている場合もある。

　今日では以前と違ってパソコンを使って学級通信の制作が行われるようになっている。子どもたちの学校生活の様子を写真を貼り付けて知らせることも可能となっている。

　どのような方法で学級通信を制作するにしろ、学校での子どもたちの生活の様子を保護者に具体的に知らせるためには、教師の子どもをみる目が確かなものでなければならない。

　学級通信に掲載する材料の主要な部分は、子どもたちの生活の中から取材されることになるからである。

　必然的に教師は担任している児童の学校での生活をよく観察せざるを得なくなる。それで、学級通信の発刊は、学級担任の子どもをみる目を鍛えていくことに通じているのである。

　学級通信は学級担任が一年間の学級指導の様子を保護者に伝えていくためのものである。したがって、一年間で通信の発刊は完結していくことになる。

　筆者は若い頃、小・中学校の教師をしていた。その時には、ご多分に漏れず「学級通信」（国語教師ということもあって「学年通信」の発刊をも担当していた）を発刊していた。

　現在でもこの「学級通信」を製本したものが手元に残っている。筆者の場合は、毎週原則として月曜日と土曜日に発刊することにしていた。それで年間では100号は超えることになっていた。

　この時の「学級通信」（茨城大学教育学部附属中学校１年２組、昭和53年４月15日〜54年３月24日までのNO.1〜NO.102号）の主要な記事を書き出して学生たちに紹介した。

　この「学級通信」は中学校のものであるが、基本的な枠組みは小学校のものとも通じるところがあるので、以下に年間を通してのこの「学級通

第7章 「教職実践演習」―事例報告そのI―

信」の主な枠組みのみを示してみよう。

---

・学級通信発刊の挨拶 ・入学式の報告 ・学級委員の選出 ・春の遠足 ・学級PTA ・学級経営の方針 ・家庭訪問 ・家庭での基本的生活指導 ・学級目標の決定、学級旗の完成 ・「家庭生活の記録」についてのお願い ・学級対抗球技大会を終えて（生徒作文等、各種学校行事についてはその都度、生徒作文を掲載） ・教育実習のお知らせ ・研究発表会 ・梅雨時の健康管理 ・学年PTAのお知らせ ・各種テストのお知らせと反省 ・市内総合体育大会 ・宿泊学習 ・学級雑感 ・雄司洋について ・「家庭生活の記録」から ・「あゆみ」の反省 ・クラブ活動 ・夏休み ・面接相談 ・学級対抗陸上競技大会 ・合唱コンクール ・最近の学級での様子 ・後期学級組織の決定 ・後期教育実習 ・読書感想文コンクール ・市内新人戦 ・心の自己診断 ・意欲的な生活 ・いばら祭 ・学級通信に寄せて（折々に全員の保護者からの所感を掲載） ・学習について考える

※その他に折々の担任からの諸連絡・雑感・コラム等を掲載。学校行事や家庭生活・学級生活、諸テスト等についての反省や感想等を全生徒に書いて貰いその都度掲載。全保護者からの意見・感想もその都度求めていた。

---

　学級通信の材料は、学校・学級生活から探していくと枚挙にいとまがないほどにある。これらの材料をどのように料理して取り上げていくかが、担任としての腕であろう。
　可能であれば、学級全児童・生徒とその保護者全員からの紙上参加を図っていくと子どもと保護者からの学級通信に対する関心はいやが上にも高まるものである。
　以下は、筆者が発刊していたある日の「学級通信」に保護者が寄せてくれた一文である。

> 　学級通信53号、息子から手渡されました。ずっしりと重くなった綴りを手にし、先生のご努力と熱意に唯々感謝するばかりです。どれを手に取りましても、子ども達に向けられる温かいまなざしが窺えます。口数の少ない息子との間に、この通信が話題のきっかけとなり、親子の間に話し合いが展開されていくことが日に日に多くなりました。今では、気が向くと、学校での様々な出来事を自分から話すようになりました。
> 　これは、あの「合唱コンクール」のあった日の事です。信じていた勝利を手にすることが出来なかった子ども達は、それぞれ無念な思いを抱いて教室に戻った事でしょう。その打ちひしがれた心に愛情の溢れた鞭を打たれた先生のことばの数々を話してくれました。その時私は、敗北を味わったとは思えない瞳の輝きを息子に見ることが出来ました。
> 　最後に教室で歌った時の涙を、「くやしくて泣いたんじゃないんだよ！」と言った息子からは、"これから何かやってやるぞ"という意気込みさえ感じ取ることが出来ました。先生のおっしゃるように、敗北を敗北として終わらせてしまわずに、そこで得た何かを、明日へのエネルギーとして転化させていく姿が感じられ、本当に嬉しく思いました。（母：K・H）

　上掲の保護者からの一文に「学級通信」が担任と保護者と生徒三者の間をつないでいる様子を理解することができるであろう。

　ところで、筆者は、以前ある国語教育雑誌で３年間にわたって、「寄贈文集から話題をひろう」というコラム欄の連載を担当していたことがある。

　全国から出版社や筆者の下に寄贈される文集を２頁の紙面で紹介していくという趣向の連載であった。

　ここで取り上げられる文集は、一部の「地域文集」や「学校文集」を除くとそのほとんどのものが学級担任による「学級文集」であった。

　この「学級文集」の中には、「学級通信」を文集化した優れたものが数多く見られた。今でも、記憶に鮮明に残っている文集がいくつもある。

　これらの優れた文集に顕著に見られる特徴は、子どもの生きた姿を的確に捉え、その姿を生き生きと活写しているところにあった。

> **コラム**　舌頭（＝身体）で思考する
>
> 　筆者は年来、「ことばの本質は身体なのだ」と主張してきた。「言語身体観」という言語観を主張してきたのである。
> 　ことばは本来私たちの身体の中から生まれてきたものである。今日、私たちが目にしている活字としてのことばは遙か後代に出現してきたものである。しかも、この活字の歴史はたかだか二千年に満たない。それ以前に遙かに長い期間にわたって音声としてのことばが用いられてきた。
> 　筆者は、今日この活字となって紙面を賑わしている文字は、いわば仮死的な状態に置かれたことば、あるいは休眠状態に置かれたことばなのではないかと考えている。紙の上に横たわっていることばだからである。
> 　この仮死的な休眠状態に置かれたことばに〈血〉を通わせ、〈命〉を吹き込むためには、一度身体の中を潜らせることが必要となる。活字ことばを音声化するのである。すなわち、活字を〈声〉に出して、〈肉声〉化して読んでみることである。
> 　ことばは〈声〉に出して読まれることで〈命〉が吹き込まれるのである。活字ことばを舌頭で、すなわち舌の上に載せて転がすのである。
> 　舌の上にことばを転がすこと、「舌頭に千転させる」ことで、ことばは身体化され〈命〉が吹き込まれるのである。
> 　ことばというものは、頭の先だけで読まれるものではない。〈声〉に出して、〈肉声〉化して読まれなければならないのである。
> 　音読・朗読の真の意義も、〈声〉に出して読むこと、すなわち〈身体〉を潜らせるということ、要するに〈身体〉で思考するというところにあると言える。音読・朗読指導の効果は、活字ことばの身体化によって、学習者の思考を陶冶していくところにあったのである。

　小学校の低学年での「学級通信」文集の場合は、日々の学級指導や教科指導の中での子どもたちの何気ない一言を聴き取ってそれを文字化して学級通信に取り上げてやるのである。
　小学校低学年の学級で発刊されていた「すくすく」（１年）、「のびのび」（２年）という「学級通信」があった。どちらも奈良県の女性教師・佐田壽子氏によって発刊されていたものである。
　この「学級通信」文集「のびのび」の魅力・特徴に対して、筆者は以下

のような所感を書き添えていた。(『教育科学国語教育』No.454号、1992年1月号、88頁)

> ①　子ども達を見つめる指導者のまなざしが温かく実に細やかである。
> ②　子ども達が何気なく口にした言葉の端々まで丹念に聞き取り、文字化してやっている。(『すくすく』の紹介の際に言及した。)
> ③　絶えず子ども達の声・言葉に心を傾け、「子ども達の体中に漲っているエネルギー」(「はじめに」より)を文字通り「のびのび」と発揮させている様子が生き生きと描写されている。
> ④　指導者自身が書くことを楽しみ、子ども達との生活に「胸をときめかせ」つつ書いている。(「書かずにはいられなかった」のである。)
> ⑤　この通信の直接の読者を二年三組の父母としている。父母との連携指導を意図し、父母からの絶大なる支援が背景にある。
> ⑥　全編、子ども達と指導者との合作文集である。

ここに学級通信の意義の一端も示されていると考えている。

忙しさにかまけてとても学級通信にまで手が回らないという向きもあろう。しかし、多忙であるからこそ、子どもを見つめその生活の様子を保護者に伝えていく学級通信の役割と意義とを見直していく必要があろう。

(大内善一)

# 第 8 章

# 「教職実践演習」
## ——事例報告そのⅡ——

池内　耕作（茨城キリスト教大学教授）

## 1　授業概要と教職課程全体との関わりを踏まえた実施計画

### (1)　授業の到達目標と基本的な展開方針

　多くの4年制大学において実施初年度となった2013年度、本学においても以下の授業概要に基づいて教職実践演習を展開した。免許状種に応じて複数の科目を設定したが、以下、「教職実践演習（小学校・幼稚園）」について紹介したい。

　大半の大学と同様、4年次後期・2単位科目として90分×15回の設定とした上で、その到達目標を次の通りとした。

---

　【到達目標】教職における「理論」と「実践」の整合―その最終確認―
　本学教職課程において身につけた様々な知見（理論）およびスキル（実践的指導力）の現状を、担当教員ならびに他の履修者の複数の目に照らしつつ的確に把握するとともに、力量不足が明らかな課題が抽出された際には本演習を通じてその克服に励み、もって教員免許状を取得するに相応しい資質を具備したことを自ら最終的に証明すること。

---

　基本的な展開方針として、①担当教員による課題提示、②課題に沿ったグループ作業、③全体発表と討論の流れを1セットとし、特定課題を4セット、模擬授業課題を6セットとしてスケジュールを設定した。その際、①の課題提示を受けた時間中に各グループにおいて②の作業の基本方針を話し合った上で、その作業を一週間かけて行い、次の授業回において③の全体発表と討論を行う展開とした。したがって15回の授業時間を大幅に超える、言わば「本来的な演習」らしい演習となった。

　またグルーピングに関しては、小学校教諭および幼稚園教諭の取得を主とする児童教育学科の4年次生69名について、これを4名の担当教員グ

ループに振り分けた上で、さらに各グループを5つの組に振り分けた。よって1グループあたり5組の編成となり、1組あたり3〜4名、また各組は可能な限り、直前の教育実習において同じ実習協力校において実習を行なった者どうしとなるよう編成した。

　以下、この体制のもとで実施した各回の内容を素描する。

## (2) 第1回オリエンテーションの内容とその様子

　初年度となる2013年度、教育実習終了後の10月11日（金）、第1回目のオリエンテーションを実施した。このオリエンテーションは同日の2時限目に実施し、上述の69名4グループおよび4名の担当教員が一同に会して行なった。

　このオリエンテーションでは、教職実践演習の制度的趣旨、本学における力点、授業計画、最終提出物等の確認を行なった後、次の課題を記したワークシートを配布した。以降、課題提示の度に、通し頁番号を付したワークシートを配布し、作業後にポートフォリオに綴じ込んでゆく形式をとった。

---

【課題1】

　組ごとに集まり、履修カルテ・基本シートの「教職志望動機」「めざす教師像」「自己分析」について、順番に口頭で読み上げて互いに確認して下さい。特に「自己分析」の欄に示す「課題」（短所や克服すべき点）については充分に確認しあうこと。また自己評価シートで評点の低い項目など、必要であれば他のシートについても確認して下さい。

※プライバシー等に関わることで、他者に知らせたくない内容を記載している場合は、口頭ではその内容を伏せ、後ほど該当箇所を訂正・削除しておくこと。履修カルテは、「課題克服のための助言や支援」を得るためのものです。関係者に「見せる」ことを前提に作成すること。また、本人の意思によらず第三者に内容が漏れてもいけません。互いに得た情報については「第三者に対する漏洩防止」（守秘義務）を全員が徹底して下さい。

【課題2】
　教育実習中の様子を互いに知っている人どうしでグルーピングしています。(1)で確認した自己認識について、これまでの付き合いから可能な限り、気づいたことを助言しあって下さい。また演習を通じて力を入れるべき点についても確認して下さい。

※この作業は「弱点あぶり出し」の様相を呈するかも知れません。互いに嫌な思いをする場面もあると思います。「誹謗中傷」「ハラスメント」「人権侵害」「名誉毀損」「差別発言」といった言葉を常に念頭におき、そのいずれにも該当しない発言を心がけること。代わりに必要となるのは「建設的意見」「コミュニケーション」「同僚性」「ラポール」「共感的理解」です。

　このワークシートを配付・説明した後、各グループが各教室に分かれて課題通りの作業を実施した。4名の担当教員も各担当グループの教室にてその作業を支援した。

　4名の担当教員に共通する評価は次の通りであった。「どの組も当初想像した以上に真剣に、しかもきめ細かく長所や課題を指摘しあい、大変充実した内容であった。事後のポートフォリオでも、その足跡は十分に確認することができた」。

### (3) 第2回から第9回までの内容とその様子

　第2回は同日、昼休み後の3時限に実施した。先述の通り、以降はまず全体会で教員側からの課題提示を受け、次に各教室に分かれて各組で方針を確認し、1週間後となる次の授業回で各組ごとに作業成果を発表し、討論するというセットを繰り返した。以下は、第2回から第9回までの課題のうち、当初の第2回および第3回で提示したものである。

第2回　10/11実施
【課題1】組別に分かれた後、各自15分程度で次の欄に所見をまとめて下さい。
Q1　教育愛に満ちた行為とはどのようなことか。これまでの人生や実習経験をふまえ、その実例を挙げなさい。（聞く者を感動させるものが望ましい）
Q2　教育愛のない行為とはどのようなことか。これまでの人生や実習経験をふまえ、その実例を挙げなさい。
Q3　教育愛とは何か。ワン・センテンスで一般化しなさい。（例：〜を目的とする愛）
※一般化：さまざまな事物に共通する性質を抽出し、一つの概念にまとめること。概括。普遍化。

【課題2】課題1について互いに発表して下さい。その際、他者の発表のキーワード等を下欄に書き留めて下さい。

【課題3】次回、同一グループ内の別の組の人たちに対し、下記の「発表課題」について10分間で発表してもらいます。このことを念頭に組としての見解・方向性をまとめ、発表資料作りの手順について話し合って下さい。
　前ページの課題で話し合ったことに加え、新聞記事や文献資料、さまざまな学説といったものを用いた発表資料となることが望ましいため、後日に再度集合するなど準備に十分な時間をかけること。
　発表資料はA4・1枚（両面）とし、グループの人数分（池内グループは19名、その他は18名分）を発表直前に配付すること。
　代表者が1人で発表するか、オムニバスで順番に発表するかなど、発表の手順についても調整すること。また特定のメンバーに丸投げするといったことのないよう、全員が関わること。

10/18　発表課題　学級担任として保護者の方と最初に顔合わせを行った際、ある保護者からこんな発言があった。「先生がお考えになる『教育愛』とはどんなものか、親として是非聞いておきたいので話

して下さい」。あなたならどのように答えるか。実例を挙げてわかりやすく説明し、「このように私が考える教育愛は〜」で締めくくること。

---

第3回　10/18実施
【課題1】組別に分かれた後、各自15分程度で次の欄に所見をまとめて下さい。

　次の四つの文章は、教職実践演習に「含めることが必要な事項」のうち、「使命感や責任感 ― 目標到達確認指標例」として文部科学省が示した内容をもとに作成したものです。その各々について、「例えば」の語に続く文章を綴って下さい。

①私は、誠実、公平かつ責任感を持って子どもに接し、子どもから学び、共に成長しようとする意識を持って、指導に当たることができます。例えば、

②私は、教員の使命や職務についての基本的な理解に基づき、自発的・積極的に自己の職責を果たそうとする姿勢を持っています。例えば、

③私は、自己の課題を認識し、その解決に向けて、自己研鑽に励むなど、常に学び続けようとする姿勢を持っています。例えば、

④私は、子どもの成長や安全、健康管理に常に配慮して、具体的な教育活動を組み立てることができます。例えば、

【課題2】課題1について互いに発表して下さい。その際、他者の発表のキーワード等を下欄に書き留めて下さい。

【課題３】

> 11/8　発表課題　一部のいわゆる「問題教員」に見られる悪質な行為（体罰やセクハラ等、事件性の高いもの）を除き、気をぬけば教員の誰もが陥ってしまう日常的な無責任事例をひとつまたは複数挙げ、他の組に対して警鐘を鳴らしなさい。事例は報道や文献等に見られる「実話」であることが望ましいが、「しでかす可能性大」と考えるものなら体験談や自分達で創作した架空の話でもかまわない。いずれの場合もそこから得られる教訓を明確にし、「ああ、それは紹介してもらって助かった（言われなければ気づかなかった）」と思わせる発表を目指すこと。

## (4) 第10回から第15回までの内容とその様子

　第10回は11/29の実施となった。前述の作業スタイルは基本的に維持したまま、作業の課題を各組個別の「模擬授業・模擬指導の実施」に切り替えた。

　その際、各組３～４名が、45分間の授業を交代で展開する「リレー式授業」とした。指導案の事前配布を求めた上で、同一グループの他の組が児童役を演じながら参観し、その後に活発な質疑応答、担当教員による評価やアドバイス等がなされた。

## 2　指導の実際と課題

　以上の作業は各自のポートフォリオにすべて綴じ込む形式とし、あわせて自身の組の作業・発表に関する反省文や、他の組からの指摘事項、また他の組の発表に対する所見や指摘事項等を、全ての課題分についてレポート形式で作成して綴じ込むこととした。

　毎回、各自が作成資料をポートフォリオに綴じ込んだ後、担当教員が回収するという形式をとった。担当教員側も、各自の作業進捗状況を把握

し、必要に応じて課題克服の指示を与えるなど、教職実践演習本来の「各自の現状に応じた課題の克服」をなすためである。各教員とも随時、赤ペンで指導すべき事項を書き込んだ。最終的に、各ポートフォリオは69名分でダンボール8箱分となった。

　オリエンテーション時に担当教員が抱いた好評価は、第16回目となった12/20の最終回に至るまでほぼ継続された。履修者の誰もが、このチーム作業の一員として全力を尽くし、また目に見えて成果（課題克服）を挙げてゆく様子が確認できた。

　残された課題として、「15回では足りない」というのが担当教員4名に共通する実感であった。ここで扱ったもの以外にも、個々の現状において確認すべきことや、克服させるべきことが多くある。

　しかし、この教職実践演習における単位取得が、教壇に立つ者が具備すべき最低限の資質能力、すなわち中教審答申にある通り「（教科指導や児童指導等を）著しい支障が生じることなく実践できる資質能力」を公証するものであるならば、初年度において4名の教員が行なった単位授与については胸を張れるものであったと確信できる。またそれが、卒業間近に生ずる「感傷」とは無縁のものであることは、一人ひとりの膨大なポートフォリオの内容をもって十分に公証しうると考えている。

　ポートフォリオとは別に取得している「教育実習における学校現場の評価」とあわせてみれば、初年度の本学における「教職実践演習（小学校・幼稚園）」は、総じて開始当初の段階で、ほとんどの履修者が既に中教審の理想に達した状態にあったと言える。終了段階では、単位取得者は例外なく、その上のレベルに抜きん出たと言い得るのではないかと考えている。

（池内耕作）

# 編者・執筆者一覧

【編　者】

渡邊　洋子（常磐大学准教授）
池内　耕作（茨城キリスト教大学教授・同大学副学長）
大内　善一（茨城キリスト教大学特任教授・茨城大学名誉教授）

【執筆者】

池内　耕作（上掲）第1章、第4章第1節、第8章
渡邊　洋子（上掲）第2章、第3章第1節、第5章第1節、第7章第1節
大内　善一（上掲）第3章第3節、第6章第1節・第2節、第7章第2節(3)
阿久津一成（常磐大学非常勤講師）第3章第2節、第5章第3節、第6章第4節、第7章第2節(2)
土門　能夫（常磐大学非常勤講師）第6章第3節、第7章第2節(1)
介川　文雄（常磐大学非常勤講師）第5章第2節
石田　隆雄（茨城キリスト教大学特任教授）第4章第2節
細川美由紀（茨城キリスト教大学准教授）第4章第3節

## 実践的指導力を育む大学の教職課程

平成27年3月30日　発　行

編著者　渡邊洋子・池内耕作・大内善一
発行所　株式会社 溪水社
　　　　広島市中区小町1-4（〒730-0041）
　　　　電　話（082）246-7909
　　　　ＦＡＸ（082）246-7876
　　　　E-mail：info@keisui.co.jp

ISBN978-4-86327-290-3 C3037